高等学校经济管理类专业系列教材

校企“双元”合作开发教材

中小企业客服管理

主　编　黄毅能　刘　剑

副主编　万　青　魏芳芳　黄　姝

王　璐　陈卫芬　高欢梅

参　编　袁安琪　谢　欢　徐建斌

汪圣贤

主　审　陈正军

西安电子科技大学出版社

内 容 简 介

本书紧跟高等院校的教学特点，注重培养学生的实践技能，系统、全面地阐述了关于企业客户服务和客户管理这一重要的知识模块。全书共 7 个项目，主要包括认识中小企业客户服务、客户服务人员的职业塑造、客户服务沟通技巧、客户投诉的处理、客户满意度与客户忠诚度、电子商务时代下的客户关系管理、处理客户服务压力的技巧等内容。

本书可作为高等院校电子商务、市场营销、国际经济与贸易等相关专业的教材，同时也可作为电子商务、市场营销相关从业及创业人员的学习参考用书。

图书在版编目(CIP)数据

中小企业客服管理 / 黄毅能，刘剑主编. —西安：西安电子科技大学出版社，2021.6
ISBN 978-7-5606-6031-8

Ⅰ. ①中…　Ⅱ. ①黄…　②刘…　Ⅲ. ①中小企业—企业管理—销售管理—商业服务—高等学校—教材　Ⅳ. ①F276.3

中国版本图书馆 CIP 数据核字(2021)第 057244 号

策划编辑　李鹏飞
责任编辑　陈　瑶　宁晓蓉
出版发行　西安电子科技大学出版社(西安市太白南路 2 号)
电　　话　(029)88242885　88201467　　邮　　编　710071
网　　址　www.xduph.com　　电子邮箱　xdupfxb001@163.com
经　　销　新华书店
印刷单位　陕西天意印务有限责任公司
版　　次　2021 年 6 月第 1 版　2021 年 6 月第 1 次印刷
开　　本　787 毫米 × 1092 毫米　1/16　印　张　8.5
字　　数　195 千字
印　　数　1～3000 册
定　　价　29.00 元
ISBN　978-7-5606-6031-8 / F
XDUP　6333001-1

前　言

随着市场竞争日益激烈，大部分企业充分认识到了客户对企业发展的重要性。企业开始注意提升客户体验以提高客户满意度和维护客户忠诚度。因为客户不仅关系到企业的利润，而且也关系到企业的稳定运行与长远发展，同时还是企业之间的竞争焦点之一。

本书系统地阐述了企业客户服务管理的理论和方法，可以帮助读者了解如何建立客户关系、维护客户关系及做好客户服务，并能够根据企业特点识别客户、选择客户、区分客户、开发客户、与客户互动、提升客户满意度、维护客户忠诚度，为企业进行科学的客户服务管理打下基础。本书在每个项目开篇均设置有学习目标，在每个项目的最后均设置有思考与练习。

本书由江西陶瓷工艺美术职业技术学院黄毅能、刘剑担任主编，陈正军担任主审，黄毅能负责全书的策划、统稿工作。本书的具体编写分工为：项目 1、项目 6 由黄毅能编写，项目 3 由刘剑、高欢梅编写，项目 4、项目 7 由万青、魏芳芳、黄姝、王璐、陈卫芬编写，项目 2、项目 5 由袁安琪、谢欢、徐建斌、汪圣贤编写。

本书是与景德镇天青家居有限公司、景德镇乐享陶瓷有限公司进行校企合作开发的“双元”创新型教材，我们在编写过程中邀请了这两家公司电子商务岗位的资深技术顾问进行指导，在此深表感谢。此外，本书在编写过程中也参阅了国内外许多同行的著作和文献，特向这些作者表示诚挚的谢意。

由于编者水平有限，加之时间仓促，书中难免存在不足之处，敬请专家、读者批评指正。

编　者

2021 年 12 月

目 录

项目1 认识中小企业客户服务

【学习目标】

(1) 了解客户与企业之间的关系；
(2) 明确客户的内涵和服务的定义；
(3) 熟知客户的不同分类；
(4) 掌握客户服务的不同状态和发展趋势。

1.1 识别客户

客户服务管理(简称客服管理)一直是企业关注的热点。虽说企业重视服务是好事情，但若有一些企业还没有认清自己的客户是谁，就盲目跟风，这对企业的发展是非常不利的。客户服务代表在实施客户服务管理时，必须先正确地识别客户，这是进行客户服务的第一步。

1.1.1 认识客户的前提

企业使命的达成既应注重客户、社会、环境，也应关注股东和员工等的贡献和成长。企业应先从客户的需求和利益出发，在建立客户服务管理前，必须先制定具有明确性、激励性和可实现性的目标；在此基础上，再延伸制定出服务理念和具体的服务管理规程(包括方法、内容、形式、程序等)。客户服务代表(员工)需要了解自己以及自己在整个组织结构中的位置和组织的使命，这样不仅有利于提高个人的工作表现、改善与客户的关系，而且有助于以更高的视角来看待自身的工作。

1.1.2 正确理解企业和客户之间的关系

现在有很多企业都说“客户和企业是命运共同体”“客户利益第一”“客户至上”等，这些认识和观念都不错。作为企业，更应该清晰地认识企业和客户的关系，认识到企业和客户之间的作用与反作用的关系。企业和客户之间的关系可以从以下两个方面来理解。

(1) 客户对于企业的意义：

① 客户是考评企业售前、售中、售后服务人员绩效的主考官。
② 客户是企业产品和服务质量的总评官。
③ 客户是企业后续产品最具影响力的推销员。
④ 客户是企业形象最具说服力的宣传员。

(2) 企业对于客户的意义：

① 企业是保证客户实现正常运营的后援和即时保障。

② 企业是促进客户持续增强社会竞争力的技术支撑。

③ 企业是促进客户进行创新经营和服务改进的引导者、推动者。

④ 企业是促进客户与客户之间健康竞争、共同发展的推动者。

1.1.3 客户的内涵

现代客户管理中的客户是指任何接受服务或可能接受服务的人或组织。只要有服务关系的存在，就有客户关系的存在。企业所有的服务对象构成的客户群，包括企业所有者、股东、员工、客户、合作者、社区居民、政府官员和供应商等。为了确切地理解客户的内涵，应注意以下几个方面：

(1) 客户是由服务关系决定的。

以个体为基础的客户资料应被详尽地掌握在企业的数据库中，并由专门的客户服务代表来为客户提供服务。

(2) 客户不只是指购买了产品或服务的用户。

处在供应链下游的企业是上游供货商的客户，被称为是“一级批发商”“二级批发商”“零售商”，而产品或服务的最终用户是直接消费产品或享受服务的个人或机构。客户还可包括社区居民、政府机构，这种客户被称为外部客户。

(3) 客户不一定在企业之外。

股东、员工是企业的基本客户，企业各职能部门亦互为客户，甚至不同的企业之间也存在一种典型的客户关系互为客户，这种类型的客户被称为内部客户。企业内部虽没有直接的产品流动，不存在直接买卖的关系，但他们总是在相互提供着服务，通过服务完成企业内部的协作关系。以“服务”为链接方式，一线员工为客户服务，中层主管与一线员工、高层主管与中层主管之间互为对方的客户。只有内部客户满意了，内部客户才会把外部客户服务得更好，有人甚至宣称内部客户满意度先于外部客户满意度。

1.1.4 客户的类型

客户是所有接受或有可能接受服务的个人或组织的统称。企业提供优质服务的前提是对客户的类型和特点进行系统的分析。不同的客户与企业的关系不同，客户要求的服务内容和方式也不同。企业的客户可进行如下分类：从来源看，分为外部客户和内部客户；从产生的时间看，分为潜在客户、新客户和老客户；从供应链所处的位置看，分为中间客户、终端客户和公利客户；从与企业的关系看，分为潜在客户、临时客户、一般客户和忠诚客户；从客户群占比及对企业的重要性看，分为关键客户和普通客户。

1. 外部客户和内部客户

企业中的每一个人都要寻找其服务对象并为其提供真诚的服务，如果找不到服务对象，就失去了在企业中存在的意义。大体上讲，凡是不属于企业内部人员的客户都可以称为外部客户。我们通常所说的“客户”就是指外部客户，外部客户可能是个人，也可能是团体或企业。内部客户相对于外部客户而言，是指提供产品或服务的公司员工。在一个企业内部，各部门之间都是分工协作的，每个员工既是服务者又是客户，并不是说存在买卖关系才构成客户，只要存在着服务和被服务的可能，就构成了客户关系。例如：你是设计师，工程师可以是你的内部客户；你是工程师，厂长可以是你的内部客户；你是财务部经理，公司高层领导、其他部门经理也可以是你的内部客户。总之，本部门或其他部门的同事，不管你是否认识他们，只要存在服务和被服务的关系，他们彼此之间就存在着客户关系。

外部客户服务和内部客户服务的真谛是建立信任，即服务者与被服务者之间应确立信任互动的关系。几乎所有外部客户服务技巧都同样适用于内部客户服务，如一站式服务、个性化服务。内部客户服务的三要素是关怀、合作和沟通。

2. 中间客户、终端客户和公利客户

1) 中间客户

中间客户会购买企业的产品或者服务，但是他们并不是直接的消费者，他们是典型的中间客户，常被称作销售商和批发商。企业流通过程存在着相当多的中间环节，意味着企业中间客户很多。任何一个中间客户既是上一个环节的采购商，又是下一个环节的供应商。对于企业来说，虽说不能忽视中间客户，但是更不能忽视终端客户，所有的中间客户一旦被视为供方，企业都应把客户满意特别是终端客户满意作为自己工作的出发点，不能把促使终端客户满意的任务全推给中间客户。

2) 终端客户

终端客户是企业产品或者服务的直接消费者，又称“消费客户”。他们对产品或服务的质量最有发言权，他们的判断、选择和取舍最具有权威性。一旦他们的满意度降低，那么即使内部客户和中间客户的满意度再高，也是没有意义的。一般情况下，所谓的客户满意本质上是指终端客户的满意。

3) 公利客户

公利客户是代表公众利益向企业提供资源，然后直接或者间接地从企业获利中收取一定比例费用的客户。典型的公利客户有政府、行业协会和媒体等。

3. 潜在客户、临时客户、一般客户和忠诚客户

1) 潜在客户

潜在客户是针对现实客户而言的，是可能成为现实客户的人或组织，但目前尚未与企业或组织发生交易关系。这类客户具有以下特征:

(1) 目前预算不足，或不具有购买能力；

(2) 具有购买能力，但没有购买需求；

(3) 具有消费能力，又有购买欲望，但缺乏商品信息和购买渠道。

潜在客户是企业争取的对象，是客户管理关注的重点之一。

2) 临时客户

临时客户实际上有很多，这类客户一般没有明确的购买目的，没有很强的品牌忠诚度，对商品的选择灵活度很高，随意性也强，如果他们对产品有兴趣，或因为服务态度好，或因当时气氛影响，就有可能成为购买者。不过，虽说临时客户的购买率比较低，吸引购买的成本相对较高(通常是维系一个老客户的5～6倍)，但却是企业客户关系管理的起点。

3) 一般客户

一般客户又称常规客户，占企业客户总量的80%，属于经济型的客户。这类客户看重价格优惠，消费具有随机性，常常在竞争企业之间来回选择，具有不稳定性，但却是企业与客户关系最主要的部分，可以直接决定企业短期内的现实收益。这部分客户如若对企业的产品和服务满意，那么其中一部分会在将来成为企业的大客户和忠诚客户。

4) 忠诚客户

忠诚客户是指不会因为企业服务不佳而离开的客户，是企业竞争优势的来源之一。他们更倾向购买企业产品，并有可能进行重复性购买，是企业忠实的拥护者，还有可能成为企业的宣传员，在有些情况下也会成为企业的合作者。客户对企业的忠诚会使企业花较少的成本获得丰厚的回报，根据统计，在美国零售店的一位老主顾在10年内购买了5万美元左右的商品。忠诚客户是企业生存的基石，也是客户服务管理的最终目标。

4. 关键客户和普通客户

1) 关键客户

关键客户也就是我们俗称的大客户，即所谓的VIP。他们被视作企业的生存之本、发展之源。企业和他们建立起了一种长久信赖的关系，企业也从他们身上获得了很高的利润回报。从股市的大客户室、中国电信的大客户事业部，再到航空公司的头等舱都可以看到大客户的身影。衡量一个客户价值的标准不只是他的社会地位和身份，更重要的是他对公司利润贡献的大小。传统的营销观点认为，公司应对所有的客户无论大小一视同仁。但实际上，这条看似合理的游戏规则已经被打破，取而代之的是将客户分成三六九等，因为越来越多的企业或商家80%的收入是由20%的大客户带来的，对有些公司来说，甚至90%的盈利是由不到10%的大客户创造的。所以，从某种意义上来讲，少数关键客户创造了绝大部分的企业收入，关键客户的价值支撑了企业的成长。对关键客户的定位，不仅仅是看其一次购买的数量，而且应从一个相当长的时间来对其考察和评判，因为随着服务时限的增加，客户和企业之间的关系也越来越紧密，日积月累，关键客户对企业的贡献就越来越大。

2) 普通客户

普通客户是指除关键客户之外的80%的客户，此类客户对企业完成经济指标的贡献甚微，消费额仅占企业总消费额的20%左右。由于他们人数众多，具有“点滴成大海”的增长潜力，所以企业应关注对他们的服务投入，按照“方便、及时”的原则为他们提供基础性服务，或将精力重点放在有潜力的“明日之星”上，使其早日成为关键客户。

1.2 客户服务的内容和分类

客户服务工作是一项与人打交道的工作，通过这个工作去了解、挖掘客户的需求，把产品卖出去，从中获取利润。随着人们消费心理的日益成熟、市场机制的日益完善及市场产品的日益丰富，客户服务工作面临着越来越大的挑战。在现代的商品经济环境中，客户需要服务的主要原因有：满足了解情况的需要，消除疑问；满足了解企业、产品、服务的需要，获得购买前咨询、购买中服务；了解购买产品后的技术、安装、使用与维修问题的解决方案，缓解抱怨等不良情绪。为了做好客户服务工作，我们需要对以下知识有正确的理解。

1.2.1 客户服务的定义

许多人曾经认为服务是酒店、餐饮这类服务业的工作，与其他行业无关，或者说，服务是其他行业在少数环节才有的工作内容，如在订单的处理和客户抱怨的处理等方面。随着社会的发展和市场竞争的日趋激烈，多数制造业获取、保持竞争优势的策略已经发生了变化，这种狭义的定义方式显然不利于企业的发展。对于企业、公共部门和机构而言，掌握客户服务的精髓，理解客户服务对竞争优势的树立是极为重要的。

真正的客户服务是满足客户的喜好，使客户感觉到重视，从而客户把这种好感铭记在其心里，成为企业的忠实客户。服务产品是无形的，而普通意义上的产品是有形的，要把无形产品变为有形产品，就要通过客户服务人员、服务的环境、各种方便的服务方式来实现。所以从某种意义上说，客户服务是有形与无形的统一体，是供给与获取的统一体；客户服务是获得客户的满意与信任，锁定竞争优势的有力武器；客户服务不是简单的微笑，而是一项复杂的系统工程，它不仅需要硬件的支撑和软件的推动，而且也需要“价值”的提升。确切地说，它应该包含三个层次：第一，“硬”服务，一个企业要为客户提供更好的“硬”服务就需要拥有一些优越的物质设施，购置一些技术先进的硬件；第二，“软”服务，是指客户服务人员的服务态度及技巧，提供服务的多样化及便利程度，服务流程的高效性等；第三，价值服务，即能给用户带来经济、文化、生活、社会价值的服务，价值服务是服务的真正核心所在。客户服务就是为了能够使企业与客户之间形成一种难忘的互动(亲密的、很愉快的互动)。每一位客户从进入公司，就开始享受公司的服务，在这整个过程中，公司所能做的一切工作都叫作客户服务工作。优良的客户服务，能最大限度地使客户满意，使企业在市场竞争中赢得优势、获得利益。很多企业乃至客户服务人员都不是很清楚究竟什么是客户服务？客户不只是要购买东西的消费者，企业要把客户服务看成是客户服务部门的责任，理所当然地，向客户提供更好的服务。客户真正需要的不只是你能帮我做什么，还有获得帮助、享受专业的、较高级别的服务。客户希望以他需要的方式来对待他，希望他的身份地位得到尊重，希望企业能够了解他真正的需求，能让他产生一种获得服务的满足感。

1.2.2 客户服务的类型

客户服务要具备一定的条件才能落到实处，这些条件就是服务设施(被称为服务的硬件或“硬”服务)、服务规范和服务技巧(被称为服务的软件或“软”服务)。这三者是一个企业提供客户服务的基本条件，根据这三种要素的不同结合，可以把目前的客户服务划分为以下四种类型。

1. 漠不关心型

漠不关心型客户服务的主要特征如下：

(1) 在“硬”服务和“软”服务两方面都较弱。

(2) 服务规范缺乏规范性、一致性、便利性。

(3) 服务代表的服务态度冷淡、疏远，缺乏服务意识和敬业精神。

(4) 传达出我们不关心客户的信息。

漠不关心型的客户服务程序非常混乱。例如，买的东西坏了需要维修，结果发现根本没有一个准确的维修工作时间段、维修需要的时长，打电话询问此事，常常电话忙音。

2. 循规蹈矩型

循规蹈矩型客户服务的主要特征如下：

(1) 在“硬”服务方面较强，但“软”服务方面较弱。

(2) 服务规范正规、统一，具有一定效率。

(3) 服务代表的工作严格按照规章制度进行，反应机械、僵化，态度缺乏热情。

(4) 传达的信息是：客户要守规矩。

循规蹈矩型客户服务，首先肯定你只是一个客户。其对客户有基本的尊重，但要求每个客户都要遵守规矩，不能搞特殊化。例如，客户说：“明天就要出差了，能不能提前修理一下？”得到的回复却是：“那不行，按规定就是3天以后才能取，今天就不能取。”这就是循规蹈矩型客服的表现。

3. 热情友好型

热情友好型客户服务的主要特征如下：

(1) “软”服务方面比较强，“硬”服务方面比较弱。

(2) 服务规范和程序方面存在无组织、慢、不一致、不方便、混乱的情况。

(3) 服务代表个人方面表现得热情友好，拥有良好的沟通技巧。

(4) 传达的信息是：我们很努力，但是对不起，我们做不到。

热情友好型客服在个人服务能力和技巧方面比较强，但在规范程序方面很弱。客户服务代表虽然态度特别好、很热情友好、特别会沟通，但是因企业没有一个很好的客户流程，服务很混乱。表现出的办事风格是：我们确实很理解您的难处，知道您感到不便，但我们实在没办法。

4. 优质服务型

优质服务型客户服务的主要特征如下：

(1) “硬”服务和“软”服务两方面都很强。

(2) 服务规范，服务程序及时、有效、正规、统一。

(3) 服务代表热情友好，拥有良好的沟通技巧，能真正做到让客户满意。

(4) 传达的信息是：我们重视客户，满足客户。

优质服务型客服是最好的客户服务类型，不仅要求企业有相对优质的服务设施，而且要求客户服务人员有着较高的素质，知道关心、理解和体贴客户，能够很好地运用客户服务的技巧，从心理上让客户真正感到满意。令人感动的服务绝不仅仅是通过微笑就能实现的，它融合在工作的每一个细节里。优质服务的衡量标准是：在与客户交往的每一个环节中，是否都细心地为客户的方便与利益着想。我们应该明白的是：在如今技术高度发展、产品趋同的形势下，一个企业如果想存活并发展，就一定要有超越产品的、让客户愿意为之捧场的优势。企业只有把方便给予他人，把利益给予他人，把温暖给予他人，把服务给予他人，才能塑造出企业独特的魅力，赢得客户的心。

1.2.3　客户服务的意义

客户服务的意义可以从客户、企业和企业员工三方面来分析。

1. 客户服务对于客户的意义

(1) 满足需求。

客户服务的最终目的是满足客户的需求，产品或服务符合用户的喜好，从而使客户感觉到被重视和认同，并把好感铭记在心里，成为企业的忠实客户。

(2) 获得尊重。

客户希望企业以他需要的方式来对待他，希望他的身份地位得到尊重，希望企业能够了解他真正的需求，能让他产生一种获得服务的满足感。

2. 客户服务对于企业的意义

(1) 优质的客户服务是最好的广告宣传。

有形的广告固然能够产生一定效果，但是通过实践证明，昂贵的广告成本并不与客户的忠诚度成正比。客户服务是长远的销售策略，良好的客户服务能为企业树立起良好的口碑，良好的口碑会给企业带来更多的客户，这种循环的口碑效应仅依靠广告是无法获得的，而是通过企业与客户之间、客户与客户之间信息的传递形成的，是成本最低的一种宣传方式。

在中国，老百姓对五花八门的营销宣传方式并不敏感，传单发送、短信群发等方法通常起不到预期的效果，但对于身边朋友的推荐，他们往往会非常重视，口口相传不仅有效，而且传播速度极快，效果很好。

(2) 出色的客户服务打造服务品牌。

企业拥有产品和服务两种品牌价值，产品品质越高，产品的品牌效应就越强；服务质量越高，企业的品牌效应就越强。客户寻求客户服务的帮助是为了解决问题并得到满意的服务，而企业为客户提供专业的服务有利于其品牌的稳固发展。

(3) 客户服务是防止客户流失的屏障，也是市场竞争的核心。

在挖掘客户的过程中，我们发现有些客户由于种种原因对原产品、服务非常不满，而这些客户恰恰就是我们最容易开发的客户。但是，如果我们没有服务好自己的客户，这些客户也很容易被其他企业所开发。

【知识链接】

优质服务与劣质服务

提供优质服务的企业，满意度较高的客户平均会转介绍 5 个新客户，能够有效解决客源不足的问题，提供优质服务的企业会将 95%的一般客户吸引为忠诚客户。一般来说，开发新客户的成本是维护老客户的 5 倍，而 1 个忠诚客户创造的价值相当于购买 10 次产品给企业带来的的价值，所以，通过维护老客户而创造的价值是通过吸引新客户而创造的价值的几十倍。

如果企业提供劣质的服务，那么平均每个客户会把抱怨传播给 10 个人，其中，20%的客户会把抱怨传播给 20 个人，而一次不好的服务需要 12 次好的服务来修正。一般来说，只要有4%的客户对产品或服务抱怨，那么，81%的客户就会放弃该产品或服务。

3. 客户服务对于企业员工的意义

(1) 获得自信心和工作自豪感。

客户需要的是获得帮助，希望和业务娴熟、职级较高的人打交道。客户在肯定客户服务人员工作的同时，也认可了客户服务人员的工作能力。当客户服务工作做得十分出色时，客户服务人员便会得到别人的尊重，不仅能获得客户的尊重，而且能得到同事和上司的尊重。

(2) 积累客户服务经验。

客户服务的过程能促进客户服务人员更熟练地掌握客户服务的技巧和经验，打好未来良好发展的基础。

(3) 提高个人素质修养。

客户服务工作具有一定的特殊性，客户的求助和咨询占工作内容的比例很大，在处理这类问题时，客户的情绪一般都比较不稳定，很生气甚至会出言不逊。使用技巧引导客户使其情绪稳定下来，在这个过程中，客户服务人员的个人素质也会得到提升。例如，航空公司面对航班延误、客户言语激动的情况时，服务人员通过耐心地解释协调，圆满地解决了问题。在面对愤怒的客户时，要保持良好修养，不与客户争执，这是解决问题的第一法则。

(4) 提升沟通能力和人际关系。

客户服务工作要直接和客户打交道，有时候不能直接满足客户的要求，甚至需要拒绝客户的要求。如何平衡公司和客户双方的利益，既需要高超的销售技巧，又需要远远高于销售工作的沟通能力。这种沟通能力需要不断地积累和学习，是可以受益终身的能力。譬如，有些斤斤计较的客户，已经享受了一定的优惠，还往往要求提供额外服务，这类客户的潜意识就是不能吃亏，我们在沟通时就可以重点突出他所获得的优惠，让他感受到，在我们这里是真正享受到实惠的，这样就可以成功化解矛盾而不必委曲求全。

如果把小麦比喻为客户服务，我们把麦种播撒到田间，就是在向客户提供服务，希望由此创造价值，那么，要想让播下的麦种茁壮成长，就必须了解小麦的生长特性并适时地播种、施肥与灌溉。只有“了解自己的客户”并提供“适当的服务”，才能最终获得客户认可，产生更大、更多的价值。

我们可能都去肯德基用过餐，那么是什么让我们对这家餐饮企业念念不忘呢？“顾客至上”的宗旨和热情的服务，就是肯德基的成功秘诀之一！这种超一流的服务理念帮助肯德基发展成世界上最著名的炸鸡快餐连锁企业之一。因此，服务是一个永恒主题，优质的服务不仅可以带来商机，更能造就优秀企业品牌，从而为企业带来多重效益。

1.3　客户服务岗位目标与职责

1.3.1　客户服务管理岗位设计示例与岗位目标分解

1. 客户服务管理岗位设计示例

客户服务管理岗位设计示例见图1-1。

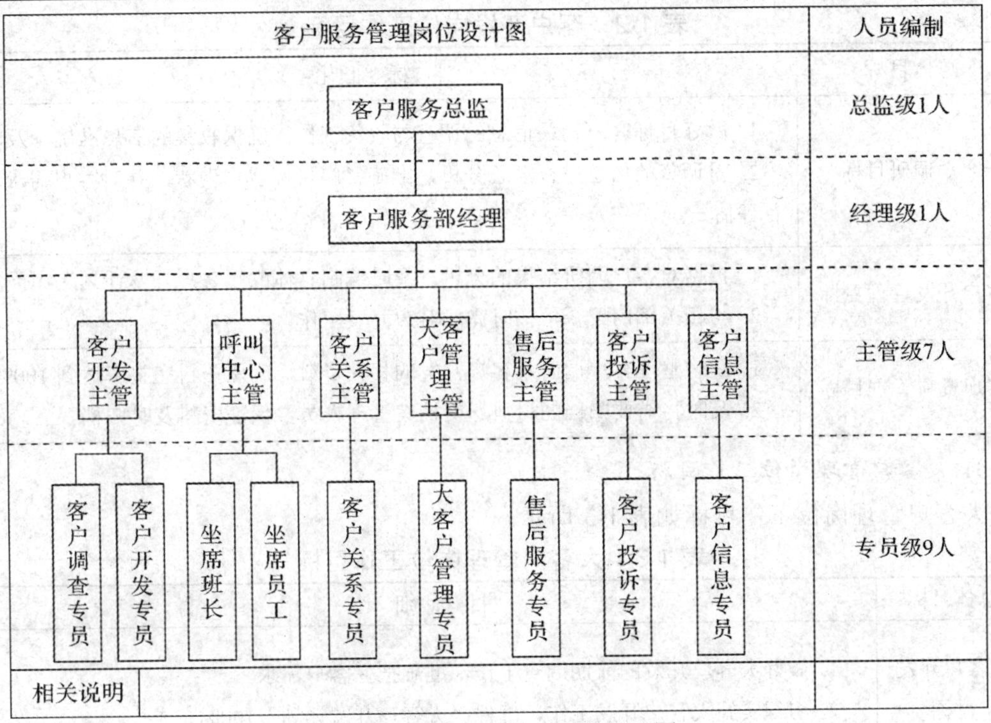

图 1-1　客户服务管理岗位设计图

2. 客户服务管理岗位目标分解

1) 客户服务管理岗位工作目标

客户服务管理岗位工作目标如表 1-1 所示。

表 1-1　客户服务管理岗位工作目标

总体目标	目 标 细 化
客户服务体系建设目标	1. 规范客户服务标准，完善客户服务体系 2. 按时组织制订“客户服务计划”，并保证服务计划 100%得到贯彻执行 3. 及时编制各项客户服务管理制度，并确保各项制度 100%得到执行
客户开发目标	1. 及时组织针对目标客户的市场调查活动，完成客户市场调研任务 2. 按时组织制订“客户开发计划”，监督客户开发工作的进行，确保按时完成计划
大客户管理目标	1. 组织实施大客户开发工作，确保大客户开发计划 100%完成 2. 严格要求大客户服务人员，确保大客户服务标准、激励措施等得到 100%的贯彻实施 3. 指导下属人员做好大客户关系维护工作，确保大客户满意度在______%以上
客户关系维护目标	1. 负责草拟“客户关系维护计划”，经领导审核后，100%贯彻执行 2. 指导下属人员做好客户回访、接待、提案等工作，确保客户满意度在_____%以上

2) 客户开发岗位工作目标

客户开发岗位工作目标如表 1-2 所示。

表 1-2　客户开发岗位工作目标

总体目标	目 标 细 化
客户调研目标	1. 做好目标客户相关信息的调查与收集工作，确保收集的信息准确、及时 2. 对调查的信息进行汇总分析，准确了解目标客户现状，并对客户需求进行评估
客户开发管理目标	1. 根据对客户调研结果的分析，及时编制具体的“客户开发计划” 2. 与相关部门配合，按时完成客户开发工作
客户资料管理目标	1. 及时整理客户调研及客户开发的相关资料，确保资料完整率达到 100% 2. 及时将需要归档的材料送交档案管理人员，保证资料及时归档

3) 大客户管理岗位工作目标

大客户管理岗位工作目标如表 1-3 所示。

表 1-3　大客户管理岗位工作目标

总体目标	目 标 细 化
大客户开发目标	1. 做好大客户开发的前期调查工作，准确把握客户需求 2. 组织实施大客户开发工作，确保“大客户开发计划”100%完成
大客户服务目标	1. 制定完善的大客户管理制度，并根据大客户的实际情况，制定相应的服务方案 2. 及时了解大客户的需求与反馈意见，保证公司与大客户之间沟通的及时性与畅通性
大客户维护目标	1. 根据工作需要和相关标准，进行大客户回访，大客户回访率应达到____% 2. 维护并巩固公司与大客户的关系，不断提高公司服务水平，大客户满意度评价应达____分
大客户资料管理目标	1. 及时对大客户管理的相关资料进行整理，确保资料完整率达到 100% 2. 建立完善的大客户档案，并根据大客户实际情况的变化及时对相应的信息进行变更，将需要归档的材料送交档案管理人员，保证资料及时归档

4) 客户关系岗位工作目标

客户关系岗位工作目标如表 1-4 所示。

表 1-4　客户关系岗位工作目标

总体目标	目 标 细 化
客户关系维护目标	1. 负责草拟“客户关系维护计划”，经领导审核后，100%贯彻执行 2. 做好回访、接待、提案等客户关系维护工作，确保客户满意度达到______% 3. 做好客户关系维护工作总结，及时提出改善客户关系的建议
客户资料管理目标	1. 及时对客户关系维护过程中产生的资料进行整理，确保资料完整率达到 100% 2. 及时将需要归档的材料送交档案管理人员，保证资料及时归档

5) 售后服务岗位工作目标

售后服务岗位工作目标如表 1-5 所示。

表 1-5 售后服务岗位工作目标

总体目标	目标细化
售后服务目标	1. 严格执行各项售后服务制度，确保各项售后服务制度得到 100%贯彻执行 2. 做好售后服务管理工作，提升客户对售后服务工作的满意度，使大客户满意率达到_____%，一般客户满意率达到_____%以上
客户投诉管理目标	1. 客户投诉处理及时，确保客户投诉解决及时率达到_____% 2. 努力提高业务水平，确保客户对投诉解决的满意率达到_____%以上
客户关系管理目标	1. 根据公司的需要，合理安排相关人员对客户进行回访，确保客户回访率达到_____% 2. 对客户提的意见进行处理，并将处理结果及时反馈给客户
信息收集目标	1. 了解和掌握客户对公司产品或服务的意见及要求，确保信息收集的及时性、有效性 2. 将客户反映的信息及时反馈给公司相关部门，确保信息反馈及时率达到____%以上

6) 客户投诉岗位工作目标

客户投诉岗位工作目标如表 1-6 所示。

表 1-6 客户投诉岗位工作目标

总体目标	目标细化
客户投诉管理目标	1. 严格按照"客户投诉处理规章制度"执行，确保客户投诉处理及时率达到____%以上 2. 加强与其他相关部门的密切联系，使客户投诉解决率达到____% 3. 努力提高业务水平，确保客户对投诉解决的满意率达到____%以上
客户关系维护目标	1. 通过电话、邮件等方式做好客户投诉回访工作，使客户回访率达到____%以上 2. 将客户投诉过程中产生的提议及时转交给相关部门，并将处理结果反馈给客户
客户资料管理目标	1. 规范客户投诉信息记录，确保记录完整率达到 100% 2. 及时将需要归档的材料送交档案管理人员，保证资料归档及时

7) 客户信息岗位工作目标

客户信息岗位工作目标如表 1-7 所示。

表 1-7　客户信息岗位工作目标

总体目标	目 标 细 化
信息管理目标	1. 严格按照“客户信息管理制度”的要求，及时完成收集各类客户信息的任务 2. 通过对客户信息的整理与分析，按时编制提交“客户信息分析报告”
客户信用管理目标	1. 制定的客户信用等级评定制度合理可行 2. 对公司客户的信用风险进行评估与预测，确保准确率达到______%以上
客户数据库建设目标	1. 根据公司对客户数据库建设的要求，具体推进数据库建设工作，并确保按时完成率达到 100% 2. 做好数据库信息的更新工作，确保数据信息及时、准确有效 3. 做好数据库系统的日常维护工作，确保数据库系统平稳、安全运行
客户档案管理目标	1. 完备客户档案，确保客户信息更新及时率达到 100% 2. 做好客户档案日常管理工作，确保客户档案丢失，损坏事件发生次数为 0

8) 呼叫中心岗位工作目标

呼叫中心岗位工作目标如表 1-8 所示。

表 1-8　呼叫中心岗位工作目标

总体目标	目 标 细 化
呼叫中心运营目标	1. 按照呼叫中心建设规划，按时完成呼叫中心系统建设任务 2. 做好呼叫中心各项管理工作，确保呼叫中心各项工作计划按时完成率达到 100%
呼叫中心服务目标	1. 严格按照呼叫中心服务标准执行，确保呼叫中心服务水平有所提高 2. 及时处理客户投诉，使客户投诉解决及时率达到____% 3. 努力提高业务水平，使客户满意率达到____%以上
资料管理目标	1. 做好呼叫业务记录，确保记录完整率达到 100% 2. 及时将需要归档的材料送交档案管理人员，保证资料归档及时

1.3.2　客户服务管理岗位工作职责与工作明细

1. 客户服务管理岗位的工作职责

根据所在企业的类型以及企业实际工作的相关性，客户服务管理岗位的工作职责可以概括为以下几个方面：主要负责解答所经营区域客户的咨询、查询问题；参与制定并执行客户服务流程、服务标准、客户服务工作计划；负责产品介绍、演示及解答客户使用问题等；负责客户电话回访、跟进及处理客户投诉等；维护客户关系，及时组织相关人员对客户进行回访和调研，收集客户对产品和服务的反馈意见；负责分配团队人员工作，如值班、倒班情况；负责做好工作日志、周报、月报，及时进行反馈信息的统计、分析和汇报工作；进行新客户服务人员的培训、考核与甄选工作；完成上级安排的其他工作任务。

2. 客户服务管理岗位的工作明细

1) 客户服务总监工作明细表

客户服务总监工作明细表如表 1-9 所示。

表 1-9 客户服务总监工作明细表

工作大项	工 作 细 化	目标与成果
客户服务规划	1. 收集和分析行业及市场情况，制定公司服务策略 2. 制订业务发展方向、竞争策略、售后服务和预算等相关计划 3. 负责处理本部门的业务及关键任务，提高客户满意度	1. 制定出公司服务策略 2. 制订出相关工作计划 3. 客户评价满意度达到____分以上
客户开发管理	1. 根据公司发展目标，制订“客户开发计划”与大客户管理策略 2. 根据公司的发展目标与制订的“客户开发计划”，进行“客户开发计划”开发、管理和维护工作	1. 制订出“客户开发计划” 2. 制定出大客户管理策略 3. “客户开发计划”全面完成
客户服务管理	1. 了解客户需求，组织人员做好公司客户的售后服务工作，达标完成客户服务目标，增进公司与客户的合作关系 2. 及时进行客户投诉处理的监督和检查，及时发现其存在的问题，提升公司服务水平 3. 建立与完善客户资料库	1. 客户投诉处理解决率达到____% 2. 客户资料完备率达到____%
部门人员管理	1. 负责客户服务团队建设及日常工作管理，规范运作流程，提高客户服务质量 2. 为团队成员提供业务培训与指导，以保证团队成员专业能力不断提高。 3. 负责与公司其他部门和团队的协调与沟通	1. 部门人员任职资格达标率达到____% 2. 部门培训计划完成率达到____% 3. 部门协作评价满意度达到______分以上

2) 客户服务部经理工作明细表

客户服务部经理工作明细表如表 1-10 所示。

表 1-10　客户服务部经理工作明细表

工作大项	工 作 细 化	目标与成果
规章制度制定	1. 组织制定本部门各项制度，规范客户服务部的各项工作 2. 组织制定客户服务标准及各项工作规范并监督其执行情况	1. 制定出各项规章制度 2. 部门各项规章制度得到全面执行
客户开发管理	1. 根据公司的发展目标和业务特点，制订“客户开发计划” 2. 根据制订的“客户开发计划”，安排人员进行客户关系的开发与拓展、维护与管理工作	1. 制订出“客户开发计划” 2. “客户开发计划”全面完成 3. 客户保有率达到____%
客户关系管理	1. 根据公司的相关规定，对本公司客户的信用等级进行评定 2. 安排人员进行客户关系维护工作，为公司开拓市场、开发新客户奠定基础 3. 客户档案管理	1. 制定出“客户信用等级评定表” 2. 客户保有率达到____% 3. 客户档案完备率达到____%
大客户管理	1. 围绕公司营销目标，制订公司“大客户开发计划” 2. 与大客户保持良好的合作关系，提高大客户满意度	1. 制订出“大客户开发计划” 2. 大客户满意度评价得分达到____分
售后服务管理	1. 组织制定售后服务计划、标准并实施 2. 安排人员做好客户咨询和相关的技术服务 3. 提高客户服务人员的服务态度及综合素质，使其能妥善处理客户提出的问题，以提高客户投诉解决率 4. 安排相关人员及时了解并汇总客户对产品(服务)的意见和要求，并及时将相关信息反馈到有关部门 5. 安排相关人员对客户进行不同形式的回访工作，提高客户回访率	1. 制定并实施售后服务计划、标准 2. 客户满意度评价达到____分 3. 客户投诉解决率达到____% 4. 制定出客户意见调查表 5. 客户回访率达到____%
客户信息管理	1. 组织人员做好客户信息的收集、统计与分析工作，保证各项信息完善、准确 2. 组织人员做好客户档案管理工作	1. 信息收集及时、准确 2. 客户档案完备率达到____%
呼叫中心管理	1. 合理安排公司呼入、呼出业务，完成公司目标 2. 组织协调呼叫中心与其他相关部门的工作	1. 各项任务完成率达到100% 2. 部门协作满意度评价达到____分
部门人员管理	1. 根据工作需要，制订“部门人员需求计划”并负责人员的选拔工作 2. 对本部门人员工作进行指导与培训，提高其业务能力与服务水平 3. 对本部门人员实施考核	1. 制订出“部门人员需求计划” 2. 部门培训计划完成率达到____% 3. 考核工作按时完成 4. 部门人员考核达标率达到____%

3) 客户开发主管工作明细表

客户开发主管工作明细表如表1-11所示。

表1-11　客户开发主管工作明细表

工作大项	工 作 细 化	目标与成果
客户开发管理制度的制定	1. 根据公司发展目标，结合实际，协助客户服务部经理制定客户开发管理制度、工作流程及操作规范 2. 指导并落实各项规章制度的执行情况，根据公司的实际情况及外部环境的变化对相关规章制度进行修订	1. 制定出各项规章制度 2. 各项规章制度得到全面执行
客户开发管理	1. 组织人员进行市场信息收集、客户信息收集工作 2. 围绕公司的发展目标，制订“客户开发计划”并组织实施 3. 积极拓展客户开发渠道并组织进行客户开发工作 4. 对客户开发专员与客户签订的合同进行审核、审批 5. 与客户保持良好的合作关系并随时掌握客户的需求	1. 信息收集及时、准确 2. 制订出“客户开发计划” 3. “客户开发计划”按时完成率达到100% 4. 合同审批及时 5. 客户满意度评价达到____分

4) 客户开发专员工作明细表

客户开发专员工作明细表如表1-12所示。

表1-12　客户开发专员工作明细表

工作大项	工 作 细 化	目标与成果
客户调查	1. 参照客户开发计划，及时编制“客户调查计划” 2. 按照“客户调查计划”的要求，具体实施调查活动	1. 制订出“客户调查计划” 2. 调查计划，使其按时完成率达到100%
客户开发	积极协助相关部门进行新客户的开发工作	“客户开发计划”按时完成率达到100%
客户关系与维护	1. 对客户进行定期或不定期的回访 2. 建立客户资料档案，并根据实际情况对客户的相关资料进行及时更新	1. 客户回访率达到____% 2. 客户资料完备率达到____%

5) 大客户管理岗位工作明细

(1) 大客户主管工作明细表。

大客户主管工作明细表如表1-13所示。

表1-13　大客户主管工作明细表

工作大项	工 作 细 化	目标与成果
大客户服务管理	1. 配合公司营销部门制订“大客户开发计划”，并负责落实 2. 根据公司实际情况，对大客户制定适当的服务方案和激励政策 3. 对大客户与本公司业务往来的情况进行分析，为公司相关部门提供决策的依据	1. 制订出“大客户开发计划” 2. 制定出服务方案和激励政策 3. 制定出相关分析报告

续表

工作大项	工 作 细 化	目标与成果
大客户关系管理	1. 安排人员对大客户进行定期或不定期的回访，及时了解大客户在使用公司产品或服务中遇到的问题 2. 关注大客户的新动态，并及时给予相关的协助 3. 负责与公司重要客户进行日常沟通与关系维护	1. 客户回访率达到____% 2. 完善大客户相关信息 3. 信息沟通及时
售后服务管理	1. 安排人员收集大客户的相关反馈信息并及时将其反映给相关部门 2. 根据公司的相关制度和售后服务标准，组织检查相关人员对大客户咨询、投诉、意见反馈等事项的执行情况	1. 信息收集及时、准确 2. 大客户满意度评分达到____分

(2) 大客户专员工作明细表。

大客户专员工作明细表如表 1-14 所示。

表 1-14　大客户专员工作明细表

工作大项	工 作 细 化	目标与成果
信息收集	1. 了解和掌握大客户的需求 2. 收集并整理与大客户有关的新动态、新的发展方向等信息	1. 完善大客户需求信息 2. 完善与大客户的有关的各种信息
大客户关系维护	1. 主动为大客户提供新业务、新技术等方面的咨询服务 2. 根据公司的安排，拜访大客户，不断增进双方之间的了解，以期保持良好的合作关系 3. 妥善处理大客户投诉	1. 准确解答咨询，使客户满意度评分达到________分 2. 客户回访率达到_____% 3. 客户投诉解决率达到____%
大客户资料管理	1. 负责大客户的档案建立和资料管理 2. 根据实际情况适时地对大客户的资料进行更新	1. 建立大客户档案 2. 资料更新及时、准确

6) 客户关系岗位工作明细

(1) 客户关系主管工作明细表。

客户关系主管工作明细表如表 1-15 所示。

表 1-15　客户关系主管工作明细表

工作大项	工 作 细 化	目标与成果
规章制度的制定	1. 协助客户服务部经理制定有关客户关系管理的各项规章制度 2. 组织实施客户关系管理的各项制度并监督其实施情况	1. 制定各项规章制度 2. 各项规章制度得到全面执行
客户关系维护	1. 进行有效的客户管理和沟通，了解并分析客户需求 2. 掌握公司所有客户的信息，对其进行分类统计，根据不同的客户类型进行客户关系维护工作 3. 发展与维护良好的客户关系	1. 制定“客户需求调查表” 2. 收集客户的相关信息资料 3. 客户满意度评分达到____分

(2) 客户关系专员工作明细表。

客户关系专员工作明细表如表 1-16 所示。

表 1-16 客户关系专员工作明细表

工作大项	工 作 细 化	目标与成果
信息收集	1. 对客户进行深入了解，包括客户需求、购买力等，并将此信息反映给相关领导 2. 对收集的信息进行统计分析，提出改善客户关系的相关建议或措施	1. 信息收集及时、准确 2. 完善相关建议或措施
客户关系维护	1. 主动了解客户需求，维护客户关系 2. 接待来访客户，协助处理客户提出的一般性问题 3. 根据公司的安排拜访客户	1. 完善客户需求信息 2. 客户满意度评分达____分 3. 对客户的回访率达到____%
客户档案管理	1. 对收集到的客户信息进行归档管理 2. 对客户档案进行日常维护与及时更新	1. 客户档案完备率达到____% 2. 客户档案更新及时率达到____%

7) 售后服务岗位工作明细

(1) 售后服务主管工作明细表。

售后服务主管工作明细表如表 1-17 所示。

表 1-17 售后服务主管工作明细表

工作大项	工 作 细 化	目标与成果
规章制度制定	1. 协助客户服务部经理制定公司各类售后服务标准、制度、规范等 2. 制定的各项规章制度经领导审批后组织实施	1. 制定出售后服务标准、制度、规范等 2. 各项售后服务规章制度得到全面执行
售后服务管理	1. 负责制定售后服务计划、方案、费用预算等，并组织实施 2. 安排人员进行售后服务 3. 妥善处理和解决客户投诉 4. 安排人员进行客户回访工作，了解客户需求及公司客户服务人员的现场工作情况，提高公司客户服务的质量 5. 按照公司要求，组织编制“售后服务工作总结报告”	1. 制定出售后服务计划、方案 2. 客户满意度评价达到____分 3. 客户投诉解决率达到____% 4. 对客户的回访率达到____% 5. 制定出“售后服务工作总结报告”

续表

工作大项	工 作 细 化	目标与成果
信息管理	1. 组织相关人员及时了解并汇总客户对公司产品或服务的意见、客户反映的信息和要求，并将相关信息及时反馈给相关部门 2. 及时处理现场服务人员及客户的反馈信息，对重大质量事故及时通知相关部门，并参与质量问题的分析和解决 3. 收集统计售后服务过程中发现的质量问题并予以处理	1. 完善客户反馈的信息 2. 实施相关措施
客户关系管理	1. 组织人员对公司的客户进行定期或不定期的回访，以保持与客户间良好的合作关系 2. 根据大客户的实际情况，制定相应的售后服务方案和措施，维护并巩固与大客户的关系	1. 对客户的回访率达到____% 2. 客户满意度评价达到____分

(2) 售后服务专员工作明细表。

售后服务专员工作明细表如表 1-18 所示。

表 1-18　售后服务专员工作明细表

工作大项	工 作 细 化	目标与成果
信息收集	1. 收集与反馈客户意见 2. 整理和分析产品售后服务过程中反馈的数据和信息，并将其转交至相关部门	1. 信息收集及时、有效
售后服务	1. 处理客户的信息咨询 2. 处理客户的售后服务及技术事宜，将需要服务的客户的相关信息转交给相关部门 3. 通过电话、网络等方式对售后服务过程进行监督，保证公司的售后服务质量 4. 根据需要，对公司的客户进行各种形式的回访和调查，以获取客户的直接反馈	1. 客户满意度评价达到____分 2. 客户回访率达到____%
投诉处理	1. 受理与记录客户投诉、纠纷 2. 妥善解决客户的投诉，对重大或特殊的投诉要及时转交相关领导处理	1. 制定出“客户投诉记录表” 2. 投诉解决率达到____%
资料管理	1. 客户资料的日常维护与管理 2. 售后服务文件的整理、存档	1. 完善客户的相关资料 2. 完善售后服务文件

8) 客户投诉岗位工作明细

(1) 客户投诉主管工作明细表。

客户投诉主管工作明细表如表 1-19 所示。

表 1-19 客户投诉主管工作明细表

工作大项	工作细化	目标与成果
规章制度的制定	1. 协助客户服务部经理制定客户投诉管理制度、投诉处理流程与工作标准 2. 制定的规章制度、流程及标准经领导审批通过后组织实施	1. 制定出客户投诉管理制度及其相关流程与工作标准 2. 各项规章制度、流程及标准得到全面执行
投诉处理	1. 组织人员处理客户咨询、投诉、电话回访等各项客户服务业务 2. 收集客户对公司产品、服务及其他方面的投诉并予以妥善解决 3. 负责重大或特殊投诉事件的受理及跟踪处理 4. 督促完成各类工作报表的制定及上报、汇总、统计工作，分析各类投诉事件，便于公司制定相应措施和解决方案	1. 客户满意度评分达到___分 2. 客户投诉解决率达到____% 3. 制定出各类工作报表

(2) 客户投诉专员工作明细表。

客户投诉专员工作明细表如表 1-20 所示。

表 1-20 客户投诉专员工作明细表

工作大项	工作细化	目标与成果
投诉处理	1. 负责对客户投诉事件进行登记并受理 2. 在投诉处理过程中与相关部门进行协调，及时解决客户投诉问题 3. 将投诉处理结果提交到公司相关部门	1. 制定出“客户投诉记录表” 2. 客户投诉解决率达到___% 3. 制定出“投诉处理结果报告表”
编制报表	编制投诉记录和处理报表和“投诉分析报告”，为改进客户服务提供支持	相关报表、报告编制及时
资料管理	投诉资料的归档管理	资料归档及时、完备

9) 客户信息岗位工作明细

(1) 客户信息主管工作明细表。

客户信息主管工作明细表如表 1-21 所示。

表 1-21 客户信息主管工作明细表

工作大项	工作细化	目标与成果
客户信用管理	1. 安排相关人员收集与调查公司客户信息，确保信息收集或调查内容的准确性 2. 根据客户信用调查的结果及公司的相关规定对其进行客户信用级别评定	1. 制定出“客户信用调查表” 2. 获得客户信用级别评定结果
客户信息管理系统的管理	1. 安排人员进行客户信息的收集、分析、统计等工作，保证客户信息准确、完善 2. 负责建立客户信息管理系统，完善客户信息	1. 完善客户相关信息 2. 完善客户信息管理系统

(2) 客户信息专员工作明细表。

客户信息专员工作明细表如表 1-22 所示。

表 1-22　客户信息专员工作明细表

工作大项	工 作 细 化	目标与成果
客户信息调查	1. 根据公司需要，对客户的相关信息进行调查与收集 2. 对收集到的客户信息进行整理与分析，并提交给公司相关部门	完善客户相关信息
客户信用管理	1. 负责进行客户信用调查 2. 协助客户信息主管对客户信用进行评估，并对客户信用进行分级管理	1. 制定出“客户信用调查表” 2. 制定出“客户信用等级管理评定表”
客户档案管理	1. 客户资料的建档及管理 2. 维护客户信息系统	1. 完善客户档案 2. 完善客户信息系统

10) 呼叫中心岗位工作明细

(1) 呼叫中心经理工作明细表。

呼叫中心经理工作明细表如表 1-23 所示。

表 1-23　呼叫中心经理工作明细表

工作大项	工 作 细 化	目标与成果
规章制度的制定	1. 组织制定本部门的各项规章制度、工作流程、质量规范等 2. 指导并落实各项规章制度的执行情况，根据公司实际情况及外部环境的变化对相关规章制度进行修订	1. 制定出各项规章制度 2. 部门各项规章制度得到全面执行
日常运营管理	1. 负责呼叫中心的整体运作，指导其日常运营，带领本部门人员完成工作目标 2. 组织人员做好日常业务咨询、业务受理、业务投诉处理等工作 3. 根据本公司业务模式及外部市场环境，进行项目的设计与开发 4. 对相关数据进行分析，为公司决策提供依据	1. 各项工作有序进行 2. 客户满意度评分达到___分 3. 新项目开发情况 4. 制定出分析报告
质量监控	1. 监督并提高呼叫中心的服务质量 2. 与客户建立良好的关系，并参照呼叫中心业务监督质量规范来密切关注客户需求的变化	1. 提高服务水平 2. 客户满意度评分达到____分
部门人员管理	1. 根据公司实际需求，制订本部门人员招聘计划 2. 合理安排部门人员的各项日常事务与工作 3. 对部门人员工作进行指导与培训 4. 负责本部门人员的绩效考核工作	1. 制订出“人员需求计划” 2. 部门任务完成率达到____% 3. 部门培训计划完成率达到____% 4. 考核工作按时完成

(2) 坐席班长工作明细表。

坐席班长工作明细表如表1-24所示。

表1-24 坐席班长工作明细表

工作大项	工 作 细 化	目标与成果
规章制度的制定	1. 协助呼叫中心经理制定呼叫业务管理的相关规章制度、工作流程及工作标准 2. 组织执行领导审批通过的关于呼叫中心管理的各项制度、操作流程，并根据公司发展的实际情况进行适时的修订与完善	1. 制定出本部门相关规章制度 2. 确保本部门相关规章制度得到全面执行 3. 及时完善与修订各项制度流程
呼叫业务管理	1. 负责提升本组人员的工作绩效，达成本部门的业绩目标 2. 处理来自客户的抱怨、投诉及进行复杂的客户咨询管理 3. 确保客户服务部新服务或新项目的顺利进行 4. 提出业务改进措施，经相关领导批准后组织实施	1. 部门任务完成率达到____% 2. 客户满意度评价达到____% 3. 领导满意度评分达到____分 4. 制定出相关业务改进措施
员工管理	1. 制订合理的“人力安排计划”及“人员招聘计划” 2. 对坐席员的工作进行指导与监督，并对其工作绩效进行评估	1. 制订出“人员需求计划” 2. 部门培训、考核工作按计划全面完成

(3) 坐席员工作明细表。

坐席员工作明细表如表1-25所示。

表1-25 坐席员工作明细表

工作大项	工 作 细 化	目标与成果
受理客户咨询	1. 执行呼入、呼出业务的处理工作 2. 负责客户咨询、信息查询及疑难问题的解答工作 3. 协助客户进行信息登记和更新工作	1. 工作任务按时完成率达到100% 2. 客户满意度达到____分 3. 信息登记准确、更新及时
投诉处理	1. 对客户投诉做好相应的记录，并予以解决 2. 对于重大投诉，需要公司统一协调的，报相关领导处理解决 3. 对客户的投诉进行总结与分析，将相关信息反映给直属上级	1. 客户投诉解决率达到____% 2. 报告及时 3. 完善相关分析、总结报告
客户回访	1. 负责客户日常的(电话)回访工作，接受客户反馈的意见 2. 负责对客户反馈的意见进行记录、分类并整理，对客户提出的相关意见给予答复，同时将相关意见反映给直属上级	1. 对客户的回访率达到____% 2. 完善客户相关信息

思考与练习

1. 在肯德基、麦当劳的餐厅的显著位置经常会贴一些员工的照片，为什么？贴的一般是什么样的员工，贴员工照片的目的是什么？你认为这样好不好？有什么建议？

2. 综合利用所学的知识谈谈自己对客户服务的认识。

3. 通过拨打“10086”等客服电话体验客户服务，结合体验谈谈你对接线员的服务的感受。

项目 2　客户服务人员的职业塑造

【学习目标】

(1) 了解并树立正确的客户服务意识；

(2) 明确客服人员的品格要求；

(3) 熟知对客服人员的服务礼仪要求；

(4) 掌握客服人员的职业化技能。

客户服务人员的职业化指的是一种精神、一种力量，是对事业的尊重与执着，是对事业孜孜不倦追求的精神，简单来说，就是对职业持有的价值观与态度。

2.1　客户服务人员的品格要求

品格是人性中真、善、美的综合体现，品格具有独特的魅力，能够影响人、团结人、调动人。在客户服务工作中，知识和技术固然重要，但高尚的品格更为可贵。品格魅力是赢得别人的帮助和支持、成就伟大事业的内在原因。对客户服务人员的职业化品格的基本要求有以下几个方面。

1. 热情

什么是客户服务工作的首要条件？不是服务技能，而是服务的热情。客户是通过所接触到的具体工作人员来考察企业形象、业务素养和企业层次的。一个人的能力可以发挥多少，不光取决于个人的基本素质，更来自于他的工作热情和工作态度。一个人只有热爱自己的职业，才能焕发出巨大的动力和热情、全身心地融入到工作中，在平凡的岗位上做出不平凡的事业。即使我们因为某种原因，从事的并不是我们理想的职业，但若仍能以满腔的热忱、踏实肯干的作风去完成岗位职责，那么必能获得好的成绩，这也反映出客户服务人员应有的职业心态与职业精神；相反，若工作消极懈怠、得过且过，这则有悖于客户服务人员应有的职业操守。

2. 真诚

人的个性千差万别，有的含蓄，有的活泼，有的坦率。在各种不同的个性之中，有一种共同的品性，就是真诚。抱诚守真，不但合乎时代潮流，而且会赢得客户信赖，促进事业的发展。

3. 谦虚

拥有一颗谦虚之心是人类的美德。有的客户服务人员虽然拥有很强的专业知识，感觉什么都懂，什么都会，但是却不太谦虚，认为客户说的话都是外行话，特别是技术人员，比如 IT 行业的客户服务人员，他们的工作大多数时候都需要上门提供维修等服务，如果客户服务人员缺少谦虚的美德，在客户面前炫耀自己的专业知识或者无心地对客户缺乏基本的专业知识表现出嘲弄的态度，在提供客户服务中这是很忌讳的一点。虽然客户服务人员要有很高的专业知识，但这不是卖弄优势的理由。

4. 宽容

宽容是面对无理客户的法宝。这需要客户服务人员有包容心，要学会忍耐和理解客户，真正的客户服务应尽量满足客户的喜好。

5. 诚信

优秀的职业服务代表一定是极讲诚信的人。优秀的客户服务人员一般会建立电话跟踪和客户回访的时间表。他们要确保客户获得良好的售后服务，如使购买商品的送货、安装等顺利进行。而客户希望客户服务人员是一名“指定人员”，这名人员能解决他们可能遇到的任何问题，如维修、付款等。不过，客户服务人员不要轻易地做出承诺，随便答应客户的要求，这样会使客服工作变得被动。但是客户服务人员一旦答应客户，就必须要信守自己的诺言，尽心尽力地去实现承诺。

6. 同理心

所谓同理心，是指站在当事人的位置和角度上，客观地理解当事人的内心感受及内心世界，且把这种理解传达给当事人。简单来说，同理心就是将心比心，同样的时间、地点、事件，把当事人换成自己，设身处地去感受、体谅他人。特别要注意的是，表达同理心的过程是“将你心换我心”，把自己当作当事人，而不只是站在对方的角度看事情。

1990 年，美国耶鲁大学的彼得·萨洛维教授和新罕布什尔大学的约翰·梅耶教授正式提出“情感智商”(情商 EQ)这一术语。随后知识界、企业界及新闻媒体掀起了一阵探索认识情商的热潮。人们发现，那些能够敏锐地感知他人情绪，善于控制自己情绪的人更可能取得成功，影响成功的因素中竟有超过 70%的部分属于情商范畴。

【知识链接】

在美国，曾经发生过这样一件事情：有一位小学学童，因为身体感觉不适被送去医院，经医师详细检查后，确认他患了癌症。接踵而来的是一连串更详细的检查与治疗，当然其中也包括人人闻之色变的化学治疗。在不断地使用化学针剂治疗之后，癌细胞的蔓延受到了控制。但化学治疗强烈的副作用也伴随而来，这位小病童的头发开始大量掉落，一直到最后，他的头发完全掉光了。随着出院的日子一天天接近，小病童的心中除了欣喜，更有着一丝隐隐的担忧，考虑自己是否应该戴上假发回学校上课，一方面是因为自己光秃的头而自卑，另一方面怕自己光头的新造型吓坏了同学。

回学校那天，母亲推着轮椅，送他走进教室那一刻，母亲和他吓了一跳，他俩惊喜得发不出声音来。只见全班同学都剃光了头发，连老师也顶着大光头，热烈地欢迎他回来上课。小病童一把扯去假发，大叫大笑，从轮椅上一跃而起，奔向同学和老师的怀抱。

这是一则真实的故事，同时也像一则温馨的现代剧本。故事中病童的同学和老师，真正地展现了最高境界的安慰艺术。最好的关怀与抚慰，绝对不仅在言语之间，更重要的是要能设身处地站在对方的立场，细心体会受抚慰者的实际需要。这种深具同理心的关爱，不但能安慰对方不安和沮丧的心情，使之得到舒缓，更能进一步燃起他心中的爱的力量，从而激发出无限的潜能。

客户服务代表要记得多付出自己真诚的关爱，并运用同理心，用实际行动表达出来。虽然这对于客户服务代表来说只是举手之劳，但是可能会给客户带来惊喜和感动。

2.2　客户服务人员的职业技能

与客户直接发生联系的客户服务人员是服务型企业经营成败的关键。与其他岗位相比，客户服务人员的服务技能对于服务质量的维稳和提高具有决定性意义。

2.2.1　良好的语言表达能力

服务语言是企业与客户之间联系的纽带和沟通的工具。在服务过程中，服务人员向客户提供服务离不开服务语言，而语言沟通的效果又会直接影响服务质量和客户的满意度。具有良好的语言表达能力即要求服务人员在简单重复的表达中展示自己的内涵，既要满足客户提出的需求，又要挖掘出客户未提出但可能存在的需求，从服务的深度和广度方面给客户带来愉悦感。

目前，各种消费场所特别是宾馆酒店存在一个共性的问题：服务人员不具备语言应变能力，经常使用机械不变的服务语言，千篇一律、毫无个性、生硬冰冷且不带任何感情色彩，见客户都是“您好”“欢迎光临”，不会根据具体情况灵活地运用服务语言，不懂得使用一些模糊、委婉的表达方式去应付一些特殊的情况，完全显示不出服务语言在服务过程中所起到的优势作用，使客户感到太谦卑或太形式化，无法做到真正令人满意。服务人员语言能力的运用主要体现在以下几个方面：

(1) 语气。服务人员在说话时，要注意语气的自然流畅、和蔼可亲，在语速上保持匀速，任何时候都要心平气和、礼貌有加。

(2) 语法。语法要运用正确，主要是指句法正确、结构搭配合理、词性运用准确等。

(3) 逻辑。语句间的因果、递进关系词等的使用要符合事理，这是语言表达中一个非常重要的方面，逻辑不清或语病问题很容易影响客户对真实意思的理解。

(4) 身体语言。身体语言在表达中起着非常重要的作用，在人际交往中，身体语言的重要性甚至在某种程度上超过了语言本身。服务人员在工作中，应当恰当地使用身体语言，让客户感到满意且易于接受。

(5) 表达时机和表达对象。服务人员应当根据客户需要的服务项目、客户的身份、客户的心理状态等具体情况采用合适的语言进行服务。

2.2.2　敏锐的观察能力

观察能力的实质就是善于想客户之所想，将自己置身于客户的处境中，在客户言明之前将服务妥帖地提供。服务人员敏锐的观察能力主要体现在以下几方面：

(1) 善于观察客户的身份、外貌。客户是千差万别的，首先，不同年龄、性别、职业的客户对服务的需求也是不同的。其次，客户在不同的场合、状态下，其需求也是不一样的。

(2) 善于观察客户的肢体语言，从中捕捉客户的服务需求。优秀的服务人员在与客户间的交际谈话、客户与客户之间的谈话和客户的自言自语中，往往可以辨别出客户的心理状态、喜好、兴趣及欠满意的地方。

(3) 善于和客户拉开礼貌距离。亦步亦趋会使客户在心理上感到压力。因而优秀的服务人员既要使客户感到服务人员的服务无处不在，又要使客户感到轻松自如，这样才既会使客户感到被尊重，又随时能提供关切性的服务。

(4) 善于揣度客户的心理状态。客户的心理状态能够非常微妙地体现在客户的言行举止中，因此，服务人员在听取那些有声的语言的同时，还要注意通过客户的行为、动作、仪态等无声的语言来揣度客户细微的心理。

2.2.3　高强的记忆能力

在服务中，客户常常会向服务人员提出一些如服务项目、服务设施、周边的城市交通或旅游等方面的问题，服务人员此时可以以自己的经验为客户一一解答，使客户能够及时获得自己所需要的各种信息。客户是一个复杂的群体，他们的喜好、个性特点等千差万别，需要的服务也因人而异，这就需要服务人员对客户的情况有一定程度的了解。当一位客户再次光临时，服务人员便可以根据自己的记忆迅速地回想客户的特征，从而为客户提供更有效、更有针对性的服务。这样，客户就能够从员工的细节记忆中感受到对自己的重视。

常用的记忆方法有以下几种：

(1) 重复式的强化记忆。记忆是多次不断强化脑神经细胞的结果，一般来说，重复记忆的次数越多，一样东西就被记得越清楚牢固。这就要求服务人员不仅在平时服务中记忆，而且在休息或待命状态时也要不断地重复强化记忆。

(2) 理解式的记忆。当记忆一样东西时，理解后的记忆比较深刻，所以，对那些一时难以记住的复杂事物，可以先弄清楚它的原理，搞清楚了以后，“骨头”就会很快地被“啃下来”。

(3) 特征式的记忆。当人们把握了某一事物的特点后，记忆就会比较深刻。例如，一位客户的鼻梁比较高，或者像自己认识的某个人，这位客户的其他附属特征就容易被顺带地记住。

(4) 实践中的校错记忆。有一些东西确实不是一下子就能记住的，需要结合实践进行记忆。通过对照服务程序、规范进行实际操作，看有哪些地方与记忆不符，然后再校正记忆，这样得到的记忆就比较深刻。

2.2.4　良好的人际关系

如果客户服务人员具备良好的人际关系，那么其与客户的交往会变得顺畅很多。优秀的客户服务人员不但要能做好客户服务工作，而且还要善于协调同事之间的关系，以提高工作效率。

人际交往所产生的魅力是非常强大的，它能使客户对服务人员及企业产生非常深刻的印象，可通过以下几个方面提高人际交往能力，从而建立良好的人际关系。

(1) 服务人员在与客户的交往中，首先应把客户当作“熟悉的陌生人”。尽管每一位新的客户对于服务人员来说都是陌生的，但在交往时，却要把客户当作已经相处很长时间的老朋友来对待。这样，服务人员在提供服务时，便可摆脱过于机械的客套和被动的应付状态，使客户感受到一种比较自然但又出自真心的礼遇。

(2) 给客户留下美好的第一印象。好的第一印象对人际交往的建立和维持是非常重要的，给人记忆最深的常常是第一次接触留下的印象。而优美的仪表、仪态，真诚的微笑等则是给客户留下美好第一印象的关键。

(3) 人际关系的建立还应当持之以恒。每一个服务人员都应当持之以恒地与客户建立起良好的人际关系，不能因自己的失误或考虑不周而使客户感到被怠慢，从而断送自己与客户建立起的良好人际关系。

2.2.5　良好的倾听能力

服务人员特别需要善于倾听客户，并且要有敏锐的洞察力。善于倾听不是听而不闻，更不是冷眼旁观，而是身体语言、口头语言对客户说话内容的高度配合。也就是说，无论客户说话的内容如何乏味，服务人员都要表现出积极、真诚的态度加入话题，爱客户之所爱，憎客户之所憎，用钦佩的表情、赞叹的语气、肯定的态度、到位的提问来调动客户说话的积极性，从而达到与客户沟通的目的。只有深入交谈，才能了解客户的心理、爱好、性格及习惯。只有与客户感情发生共鸣，降低客户的不满，才能有的放矢地对不同类型的客户提供不同的服务。善于倾听的另一层含义便是善于交谈，服务人员最终是通过与客户的交谈来达到让客户满意的目的的，但善于交谈不是服务人员自己侃侃而谈，而是要激发客户对交流的兴趣。

2.2.6　灵活机智的应变能力

对于服务人员而言，灵活机智的应变能力，主要表现在能合理地处理突发事件。遇上突发事件时，服务人员应当做到如下几个方面：

(1) 迅速了解矛盾产生的原因、客户的心理，并善意地加以疏导。

(2) 用克制与礼貌的方式劝说客户心平气和地商量、解决矛盾，这样的方式常常是使客户愤愤之情得以平息的“镇静剂”。

(3) 尽快采取各种方法使矛盾迅速得到解决，使客户能得到较满意的答案，尽量使事情的不良影响控制在最小的范围内，在其他客户面前树立坦诚、大度、友好的服务形象。

(4) 服务人员应当本着“客户永远是对的”这一宗旨，在维护企业声誉的基础上尽量设身处地为客户着想，而不要过多地想着维护自己的面子。因此，在处理突发性事件时，不管过错在自己方还是在客户方，服务人员均要做适当的让步。

2.3 客户服务人员的心理素质

2.3.1 处变不惊

对于客户服务人员来说，很重要的一个心理素质是处变不惊的应变力。所谓应变力是对一些突发事件的有效处理能力。作为客户服务人员，每天都面对着不同的客户，很多时候客户会给你带来一些真正的挑战，特别是一线的客户服务人员，比如宾馆工作人员、零售店工作人员、电话接线员或者电话客户服务人员，都有可能面临某些有挑战性的环境。举个例子，零售店里有个客户来投诉了，可能喝了一点酒，进来就砸收银台。这个时候，作为客户服务人员的你该怎么办？有些客户服务人员从来没见过这种情形，可能一下就吓哭了，而一些非常有经验的客户服务人员就能很稳妥地处理这件事情。特别是在处理一些恶性投诉的时候，客户服务人员更要做到处变不惊，这都需要其具备一定的应变力。

2.3.2 百折不挠

客户服务人员还要有百折不挠的承受能力。客户服务人员有可能遭受什么样的挫折打击呢？比如，联想的客户服务人员需要上门给客户解决问题：一个作家写了一年的稿子存在系统瘫痪的电脑里，如果电脑修不好，稿件就丢失了。解决这个问题可能不是联想的责任，可能是因为作家接收 E-mail 的时候电脑感染了病毒。但是这台电脑是由联想负责维修的，那么客户服务人员过来了以后，客户会怎么样做呢？会不会迁怒于客户服务人员呢？因为他遭受到了太大的打击，所以需要有一个发泄的渠道。很多客户服务人员每天都要面对客户各种各样的误解甚至辱骂，这需要他们有一定的承受能力。有的客户甚至会越过客户服务人员直接向其上级主管投诉，有些投诉可能会夸大其词，本来这个客户服务人员做得没有那么差，但到了客户嘴里他的行为就变得很恶劣，恶劣到应该马上被开除，使得其主管在客户走了以后找其谈话。因此，客户服务人员需要有承受挫折打击的能力。

2.3.3 自我调控

客户服务人员需要有情绪的自我掌控和调节能力。比如，有位客户服务人员每天接待 100 个客户，可能第一个客户就把这位客户服务人员臭骂了一顿，因此他的心情变得很不好，情绪很低落，但他也不能罢工，后边有 99 个客户依然在等着他服务。这时候他若不想把第一个客户带来的不愉快转移给下一个客户，就需要客户服务人员能够掌控情绪，调整自己的心态。因为对于客户来说，客户服务人员永远是给他提供服务的第一个人。特别是一些客户服务呼叫中心的在线服务人员，一天可能要受理 400 多个投诉咨询电话，需要客户服务人员对每一个客户都保持同样的热情度，做到这点非常不容易。只要中间有一个环节出了差错，与客户发生了口角，一般的客服工作人员就很难再用一种特别好的心态去面对下面的客户。因此，优秀的客户服务人员要有非常强的心理素质。

2.3.4　坚持到底

在自己的工作岗位上，客户服务人员需要不断地调整自己的心态，遇到困难和各种挫折都不能轻言放弃。比如呼叫中心的客户服务人员经常接到一些骚扰性的电话，通常是客户在找茬。这个时候，有的客户服务人员就打退堂鼓了，觉得干不下去了。客户服务人员需要有一个积极进取、永不言败的良好心态。这些和团队有很大关系，如果一个客户服务的团队是积极向上的，那么员工在这样的团队氛围当中，很多心里的不愉快都能得到化解。如果不是处在这样的团队中，那么就要靠自己去化解。

无法成交就谈不上完成客户服务，如果不能从客户那里获得订单，即使他的技巧再多、再好，那也是枉然。一般而言，优秀的客户服务人员总会想方设法地与客户达成共识，从而顺利签单。如何才能成为一名优秀的客户服务人员呢？研究表明，有一点很重要，即客户服务人员应该具备一种百折不挠、坚持到底的精神，客户服务人员应该像运动员一样不怕失败，到最后一刻也不放弃。

2.4　客户服务人员的礼仪形态

客户在评判服务人员的服务时，通常会受到这位服务人员外表形象的影响，也就是说，他会通过一个人的外表来判断给他提供服务的人员是否专业。如果服务人员有整洁得体的仪容、仪表和仪态，就会给客户带来一种愉快的感受，也会使服务工作顺利地开展下去。

2.4.1　仪容

对于客户服务人员来说，对外貌进行适当的修饰十分重要，它体现的是良好的精神面貌和积极乐观的工作态度。

(1) 发型。好的发型的基本要求是庄重、整洁、大方。注意头发的卫生，经常清洗，使头发干净发亮，身上不能有脱落的头发或头屑。男士鬓角不超过耳部，前额头发不触及眉眼，脑后头发不触及衣领，不宜留长发、怪异发型，不宜剃光头，要经常修剪头发；女士头发不能太长，不要使用颜色太鲜艳的发夹。女士的发型应视身高、年龄、职业而异，一般以短发和盘发较为适宜。

(2) 面容。保持面部的洁净，并进行适当的外貌修饰，使人感到大方、端庄、有活力。男士应每天修面，不可留大胡子，鼻毛也应剪短；女士化淡妆，不宜浓妆艳抹或使用气味太强烈的化妆品。保持眼部清洁，室内不宜戴墨镜。无论男女，在干燥的季节里还要特别注意面部的保养，保持面部的滋润和清洁。

(3) 指甲。保持指甲的清洁，必须经常修剪和清洗指甲。男士不能留指甲，女士指甲的长度以自己张开手，从手心这一面看不到指甲为宜，不要涂色彩太浓的指甲油。

(4) 个人卫生。个人卫生是个人精神面貌的体现，在个人卫生方面要做到“三勤”，即勤洗澡、勤换衣服、勤漱口。注意口腔卫生，坚持刷牙，刷牙最好做到“三个三”，即每天刷三次，饭后三分钟进行，刷牙用时三分钟。工作期间忌吃葱、大蒜、韭菜、臭豆腐等能引起口臭的食品。口腔有异味的人员应采取适当的方法克服，可以用含茶叶或嚼口香糖的方法去除口腔异味。不要在人前“打扫个人卫生”，如剔牙齿、掏鼻孔、挖耳屎、修指甲、搓泥垢等，这些行为都应该避开他人进行，否则，不仅不雅观，而且不尊重他人。

2.4.2 仪表

1. 色彩搭配

客户服务人员仪表规范中除了对整体着装和配饰有要求，对配色也有要求。例如，领带和外套的搭配、服饰和鞋子的搭配等，都要讲究配色，不仅要体现出品位和优雅，而且需要具有整体性。如果条件允许，在企业第一线的窗口服务人员应该统一着装，让客户第一眼就可以看到。真正重视服务的企业一般都统一着装，从这些细微处反映出企业员工良好的的精神面貌。

(1) 同类配色。同类配色是一种最简便、最基本的配色方法。同种色是指一系列的颜色相同或相近，由明度变化而产生浓淡深浅不同的色彩搭配。同种色搭配可以得到端庄、沉静、稳重的效果，适用于气质优雅的成熟女性。但必须注意，在同种色搭配时，色与色之间的明度差异要适当，相差太小、太接近的色调容易相互混淆，缺乏层次感；相差太大、对比太强烈的色调易割裂整体。同种色搭配时最好有深、中、浅三个层次变化，少于三个层次的搭配显得比较单调，而层次过多易产生繁琐、散漫的效果。如红色调的同种色搭配，可由玫瑰红呢料裙、驼红色羊毛衫、深紫红色皮鞋、石榴红耳环及暖调淡妆组成。

(2) 相似配色。所谓相似色系指色环在 90 度以内的邻近色。如红与橙黄、橙红与黄绿、黄绿与绿、绿与青紫等，它们互为相似色。相似配色是利用色谱上相邻的色彩进行搭配的一种方法，比如白色和浅灰色的搭配。用相似色搭配服装产生的变化丰富，且能获得协调统一的整体效果，颇受女性青睐。

(3) 衬托配色。衬托配色是在服色搭配上以其中一种颜色衬托另外一种或两种颜色，各种颜色不失各自的特点，相映生辉。理想的配色有：绿色—黄色，粉红色—浅蓝色，深蓝色—红色，深蓝色—灰色，黑色—浅绿色，黄褐色—白色，橄榄绿色—红色，橄榄绿色—骆驼灰色。一般来说，黑、白、灰是配色中的安全色，它们最容易与其他颜色搭配并取得良好的效果。

服装色彩的运用还能使人产生错觉，收到令人满意的效果。例如，浅色服装有扩张作用，瘦人穿浅色衣服可达到丰满的效果；深色服装给人以收缩感，适宜胖人穿戴。

2. 服装的选择

(1) 制服。制服是标志一个人从事何种职业的服装，穿着醒目的制服不仅是对客户的尊重，而且便于客户辨认，故又称岗位识别服。制服能使穿着者有一种职业的自豪感、责任感和可信度。穿着制服必须做到以下几点：

① 清洁。工作中所穿着的制服难免会被弄脏，这没什么大不了，应该注意的是要及时清洁有脏污的地方或及时换洗。总的来说，对制服定期或者不定期地换洗，应该成为每一位服务人员维护自我形象的自觉行为。

② 整齐。由于各类制服的面料不同，并非所有的制服都能够线条笔直、悬垂挺括。但是制服外观不该有明显的皱皱巴巴痕迹，这是所有的服务人员必须做到的。无论从哪种角度讲，客户服务人员身穿一套褶皱明显的制服，都很难赢得他人的尊敬，只能得到窝囊邋遢、消极颓废、懒惰不堪、不修边幅之类的评价。

③ 规范。要使制服发挥出其特有的功效，穿着者必须认真地依照着装规范行事。一些人虽然按规定穿了制服，但是却是随便乱穿。比如敞胸露怀、不系领扣、高卷袖筒、挽起裤腿、乱配鞋袜、不打领带、不束衬衫下摆等。如此种种做法，都有损制服的整体造型。客观地讲，这些做法的危害性并不亚于不穿制服。

(2) 便装。着任何便装都应做到简朴典雅、和谐统一，并注意以下四个协调：

① 穿着要和年龄协调。不同年龄的人有不同的穿着要求，一套深色的中山装，穿在中老年人身上会显得成熟和稳重，穿在青少年身上则不免显得老气横秋。少女穿超短裙会显得朝气蓬勃、热情奔放，妇女穿超短裙则不免有轻佻之感。

② 穿着要和体型协调。不同的人，身材有高有矮，体型有胖有瘦，肤色有深有浅，穿着要因人而异、扬长避短。

③ 穿着要和职业协调。政府机关干部是人民的公仆，穿着打扮宜大方朴素；教师有为人师表的职责，不宜穿奇装异服，打扮得花枝招展。

④ 穿着要和环境协调。在喜庆场合不宜穿得太古板，在庄重场合不宜穿得太随便，在悲伤场合不宜穿得太刺眼，平日居家可以穿着随意一些。

(3) 西装。男士西装是在社交场合的重要穿着，不仅能表现个人的品位和气质，而且是自尊与尊重对方的表现。人们常说“西装七分在做，三分在穿”。穿西装的要求有如下几个方面：

① 要拆除衣袖上的商标。

② 要熨烫平整，使其平整而挺括、线条笔直。

③ 要扣好纽扣。西装有单排扣、双排扣之分。双排扣西服一般要求把全部纽扣系上或全部敞开，以示庄重和潇洒。单排三粒扣习惯上系中间一粒或第一、二粒。两粒扣的只系第一粒，或全部不系。如在正式场合，则要求系上纽扣，坐下时方可解开。

④ 穿西装时，一定要悉心呵以保持护其原状，不卷不挽。公共场所，千万不要当众随心所欲地脱下西装上衣，更不能把它当作披风披在肩上。一般情况下，随意卷起西装的袖口和裤脚是不符合礼仪的表现。

⑤ 要慎穿毛衫。西装要穿得有“型”、有“味”。在西装上衣之内，除了衬衫与背心，最好不要再穿其他衣物。如果寒冷难耐，可在西装上衣内穿上一件薄型“V”领的单色羊毛衫或羊绒衫，但千万不要穿色彩、图案十分繁杂的羊毛衫或羊绒衫，也不要穿扣式的开领羊毛衫或羊绒衫，更不要同时穿上多件羊毛衫、羊绒衫、背心等。

⑥ 要巧配内衣。西装的标准穿法是衬衫之内不穿棉纺或毛织的背心、内衣。而将T恤衫直接与西装配套的穿法也是极不符合礼仪规范的。因特殊情况必须在衬衫之内加穿背心、内衣时，必须注意：数量以一件为限；色彩必须与衬衫的色彩相仿；款式上应短于衬

衫，其领子形状以“U”“Y”领为宜；不要使内衣的袖管暴露于别人的视野之内。

⑦ 为保证西装在外观上不走样，应当在西装的上衣、背心、内衣等口袋里少装东西，或者不装东西。西装上衣左侧的外胸袋除了可插入一块用以装饰的真丝手帕，不要再放其他任何东西，尤其不应当别钢笔、挂眼镜。西装上衣内侧的胸袋，可用来别钢笔、放钱夹或名片夹，但不要放过大或过厚的东西。西装外侧下方的两只口袋，原则上应不放任何东西。

⑧ 与鞋、袜配套。穿西装一定要穿皮鞋，不能穿旅游鞋、轻便鞋、凉鞋和雨鞋，也不能穿白色袜子或色彩鲜艳的花袜子，同时切忌穿半透明的尼龙或涤纶丝袜。俗话说：“鞋袜半身衣。”也就是说，光有好看的衣着是不够的，还要配上合适的鞋袜。男子穿黑色皮鞋配深色袜子，会显得庄重大方，鞋跟不要超过 3 厘米，也不要赤足穿凉鞋；女子可穿中跟皮鞋，显得精神和健美，鞋跟不要超过 4 厘米，穿的袜子袜口不能露在衣裙之外。皮鞋要上油擦亮，袜子要经常换洗。有脚汗的人更要注意保持自己鞋袜的干净，以免产生异味。

目前，虽然有很多公司都要求员工穿着整齐的制服，但是员工应该注意搭配合适的皮鞋、发型等，以体现出整体性。例如，空中服务人员基本上都梳着相似的发髻，看起来神采奕奕、整洁清爽，给乘客舒适、愉快的感觉。

3. 首饰佩戴礼仪

首饰佩戴的目的是提升人的气质，增加美感，达到“锦上添花”的效果。首饰的种类很多，被人们所熟识的首饰主要有戒指、项链、手镯、胸花等。近年来，首饰已成为服饰的重要组成部分。需要注意的是，首饰的佩戴，绝不应一味地堆砌，认为多多益善，而应考虑诸多方面的问题，遵循一定的礼仪要求。佩戴首饰应注意以下几种礼节：

(1) 应当遵从有关的传统和习惯，在社交场合，最好不要靠佩戴首饰去标新立异。

(2) 不要使用粗制滥造之物。在社交场合中，戴不戴首饰无所谓，要戴就应戴质地、做工俱佳的。

(3) 佩戴首饰要注意场合，上班期间应不戴或少戴首饰。运动、旅游、出门拜访时不宜戴太多的首饰。只有在交际活动中佩戴首饰才最为合适。

(4) 佩戴首饰必须考虑性别差异。一般情况下，女士可以戴两种或两种以上的首饰，而男士只宜佩戴结婚戒指一种。

(5) 佩戴戒指的原则。首饰中，戒指的戴法最为讲究，戴在不同的手指上传递着不同的信息，表示不同的寓意。

4. 服饰的礼仪要求

(1) 适体性原则。要求仪表修饰与个体自身的性别、年龄、容貌、肤色、身材、体型、个性、气质及职业身份等相适宜、相协调，力求反映一个人的个性特征。选择服装因人而异，着重点在于展示所长，遮掩所短，显现独特的个性魅力和最佳的风貌。

(2) TPO 原则。TPO 是 Time、Place、Occasion 三个单词的首字母缩写，即选择的着装款式要与着装时间、地点、场合协调一致。“T”指时间，泛指早晚、季节、时代等；“P”代表地方、场所、位置；“O”代表目的、目标、对象。TPO 原则是目前国际上公认的衣着标准，遵循这一着装原则，就是合乎礼仪的。

(3) 整体性原则。要求仪表修饰先着眼于人的整体，再考虑各个局部的细节，促使修饰后的形象与人自身的诸多因素协调一致，使之浑然一体，营造出整体风采。正确的着装，能起到修饰形体、容貌等作用，形成和谐的整体美。服饰美就是从多种因素的和谐统一中显现出来的。

(4) 适度性原则。要求仪表修饰无论是修饰程度，还是在饰品数量和修饰技巧上，都应把握分寸，做到自然适度。

2.4.3　仪态

1. 站姿

要求：自然、轻松、优美、挺拔。

要领：站立时身体要保持端正、挺拔，重心放在两脚中间，挺胸，收腹，两肩要平且放松，两眼自然平视，嘴微闭，面带笑容。平时双手交叉放在身后，与客户谈话时应上前一步，双手交叉放在身前。女士站立时，双脚呈“V”字形，双膝及脚后跟均应靠紧。男士站立时，双脚可以呈“V”字形，也可以双脚打开与肩同宽，但应注意不能宽于肩部。站立时间过长而感到疲劳时，可一只脚向后稍移一步，呈稍息状态，但上身仍应保持挺直。

注意：站立时不得东倒西歪、歪脖、斜肩、弓背、站成 O 型腿等，双手不可叉腰，也不能抱在胸前或插入口袋，不可靠墙或斜倚在其他支撑物上。

2. 坐姿

在接待客户时，坐姿要求如下：坐姿要端正稳重，切忌前俯后仰、半躺半坐、抖腿或以手托头撑在桌子上。无论哪种坐姿，女性都切忌两腿分开或两脚呈八字形；男士两腿可略分开，但不要超过肩宽。若需侧身说话，不可只转头部，而应上身与腿同时转动面向对方。

3. 走姿

要求：充满活力，自然大方，神采奕奕。

要领：行走时，身体重心可稍向前倾，昂首挺胸，收腹，上身挺直，双目平视，嘴微闭，面露笑容，肩部放松，两臂自然下垂摆动，前后幅度约为 45 度，步幅要适中，一般标准是一脚踩出落地后，该脚后跟离未踩出脚的脚尖距离大约是自己的脚长。行走的路线要直，女员工走动时，双脚跟走成一直线，步幅要小，行如和风；男员工双脚跟走成两条直线，尽量靠近，迈稳健的大步。一般靠右行走，不可走在路中间。行走过程中遇到客户、上司时应自然注视对方，点头致意并主动让路，不可抢道而行，如有急事确需超越时，应先向客户、上司致歉后再加快步伐超越，动作不可过猛；在路面较窄的地方与同事、客户相遇时，应将身体正面转向客户；在前面引导来宾时，要尽量走在宾客的侧前方。

注意：行走时不能走“内八字”或“外八字”。不应摇头晃脑、左顾右盼、手插口袋、吹口哨、慌张奔跑或与他人搭肩搂腰。

4. 蹲姿

要拾取低处物品时，不能只弯上身，翘臀部，而应采取正确蹲姿。下蹲时两腿紧靠，左脚掌基本着地，小腿大致垂直于地面，右脚脚跟提起，脚尖着地，微微屈膝，移低身体重心，直下腰拿取物品。

5. 手势

要求：优雅，含蓄，彬彬有礼。

要领：在接待、引路、向客户介绍信息时，要使用正确的手势，五指并拢伸直，掌心不可凹陷(女士可稍稍压低食指)，掌心向上，以肘关节为轴，眼望目标指引方向，同时应兼顾客户是否明确所指示的目标。

注意：不可只用食指指指点点，而应采用掌式。

6. 客户服务人员举止注意事项

客户服务人员应时刻注意自己的行为举止，主要表现在如下几个方面：

(1) 在办公区内行走或工作时，遇到同事、客户应得体、礼貌地打招呼、问好。

(2) 注视客户的眼神应是热情、礼貌、友善和诚恳的，不能用涣散呆滞的眼神看对方或直盯对方；客人经过以后，不能一直盯着客户的背影，而应用眼角的余光观察客户。

(3) 要对所有的人一视同仁，不能以种族、肤色、宗教信仰、衣着打扮或相貌区别对待，不得讥笑、议论、指点身体有缺陷的人，应主动提供特别帮助。但同事、客户不愿意接受特别帮助时，也不要勉强。

(4) 与客户、上司同乘电梯时，应主动按住电梯，让他们先进，并侧身站在电梯内靠近门的位置，替客户用手指轻按要去的楼层，严禁用锁匙、雨伞等物件按电梯按钮。出电梯时，让他人先出，其中女士优先，切不可抢门而出，以免发生撞挤现象。电梯口遇熟悉客户要进入电梯时，应主动替客户按电梯，待客户进入电梯，门关闭后才可离去。

(5) 进出门遇到上司、客户时，应站立在一旁，先让上司、客户进出，如果方便，还应为上司、客人拉门。

(6) 上下楼梯时，应端正头部，挺胸，弯膝，伸直脊背，轻移脚步。与客户或上司一同上楼梯，应走在客户或上司后面；下楼时，应走在客户或上司前面；多人同行时，应让客户或上司走在中间，以便随时提供服务；乘扶手梯时，应靠右站立，以便其他人在左侧行走。

(7) 进入上司或客户的办公室时，应先用右手的食指和中指的中关节轻敲门二至三声，一般情况下，应问“我可以进来吗”，待应允后方可进入。无论何种情况，如果上司、客户正在接电话或会客，在上司或客户未示意进门时，应主动退出门外等候；不论门是开着还是闭着，均应敲门，不得随便鲁莽闯入；不可乱翻动上司、客户的物品、文件等。事毕后应尽快离开，并把门轻轻带上。

(8) 接受或归还同事、客户的物品时，均应用双手承接、奉还。

(9) 应避免在公众场合吐痰，如需吐痰时，应将痰吐在纸巾里，包好后扔在垃圾桶里，不能直接向垃圾桶吐痰。

2.4.4 职业化妆

1. 化妆的基本要求

化妆是运用化妆品和工具，采取合乎规则的步骤和技巧，对人的面部、五官及其他部位进行渲染、描画、整理，增强立体印象，从而达到美容目的的行为。对于从事服务工作的女性来说，化妆要少而精，强调和突出自身具有的自然美部分，减弱或掩盖容貌上的缺陷。一般以淡妆为宜，不要浓妆艳抹，并避免使用气味浓烈的化妆品。

(1) 粉底色调要与自己的肤色相协调，色彩要淡雅、和谐统一，给人以美的享受。

(2) 化妆后的效果应与自己的脸型相协调。

(3) 化妆的浓淡应根据时间、场合来定。

2. 化妆的基本步骤

化妆可分为基础化妆和重点化妆。基础化妆是指整个脸面的基础敷色，包括清洁、滋润、收敛、打底与扑粉等，具有护肤的功用。其具体步骤如下：

(1) 洗面。用适合自己皮肤的洁面泡沫或洗面奶彻底清除脸部污物、油垢。

(2) 拍收缩水(化妆水)。将收缩水轻轻拍于面部，给皮肤补充水分和营养，软化角质，使细小皱纹收敛。

(3) 涂抹营养霜。按不同肤质选用营养霜，但用量宜少，让皮肤透气。

(4) 涂粉底。在面部均匀地涂抹少许粉底霜或粉底液，调整肤质和肤色。

(5) 第一次定妆。轻扑定妆粉于脸上，但一定要薄，似有似无，然后重点对眉眼、睫毛、颊、唇等器官进行妆饰。通过化妆，能增加容颜的秀丽感并使容颜呈现立体感。

① 眉：修眉、画眉时，要强调自然美，眉形的设计要适合眼睛的形状，使得眉眼搭配，相得益彰。

② 眼：在睫毛上下根部用眼线笔画出细长眼线，眼睛会显得大而有精神。

③ 腮红：涂腮红要因人而异，不可千篇一律。长脸形适宜横涂，宽脸型适宜竖涂，瓜子脸型则应以面颊中偏上处为重点进行涂抹。腮红的颜色，白天宜选用玫红或粉红，晚间宜选用曙红。

④ 口红：涂口红可增加唇部的血色。一般宜选用接近嘴唇的颜色，如淡紫红色，既真实又鲜明，可以增加活力和美感。黑色或紫色唇膏对于从事服务工作的女士来说是不可取的。

⑤ 整体检查：检查化好的妆面是否干净、是否对称。

(6) 第二次定妆。此处不详述。

思考与练习

请阅读下面事件，并进行下面练习：

如果你是接待人员，你会怎么应对？请小组配合模拟重现服务场景。

一日，甲某至健身房健身，预约的时间是晚上八点，因交通顺畅提早于七点三十分抵达，甲某心想，既然提早到场，不如直接先进场健身，也可以早点回家。

以下为甲某与客户接待人员的对话：

“我是预约八点的，但我要提前进场。”

“不行哦！你要等到八点才可以进场。”

“为什么不行，反正我都到了，不要浪费我的时间嘛！”

“这是公司规定哦。”

服务人员虽说确实按照公司的规定办事，但并没有顾及客户的心情，这样的回答当然会引起客户抱怨，于是，接下来可能就是一连串的抱怨与咒骂：“你知道我一小时赚多少钱吗？损失你赔吗？”即便你们健身房是大品牌，那就什么都要听你们公司的吗？我缴会费是来受气的吗？我要退钱！……

项目 3　客户服务沟通技巧

【学习目标】

(1) 了解与客户沟通的作用与内容；
(2) 了解企业与客户沟通的途径；
(3) 了解客户与企业沟通的途径；
(4) 掌握处理客户投诉的方法；
(5) 掌握设计企业与客户沟通途径的具体方法。

3.1　客户沟通的作用与内容

所谓沟通，就是信息的交流与互换。

客户沟通就是企业与客户间建立相互联系的桥梁或纽带，拉近与客户的距离，加深与客户的感情，从而赢得客户满意与客户忠诚所采取的行动。

良好的沟通对合作双方来说是双赢的，企业进行积极有效的客户沟通，有助于拉近企业与客户间的距离，有利于巩固、提升和发展企业与客户间的关系。企业与客户间的沟通应当是双向的，既要让客户了解企业，也要使企业了解客户，这样，企业与客户才能增进彼此之间的了解和交流，才能够消除隔阂、化解误会、荣辱与共、利益相连。因此，企业与客户之间的沟通应当包括两个方面：一方面是企业与客户间的沟通，即企业积极地与客户保持联系，通过人员沟通和非人员沟通的形式，把产品或服务的信息及时传递给客户，使客户了解并且理解和认同企业及其产品或服务；另一方面是客户与企业间的沟通，即企业要为客户提供各种沟通渠道，并保持渠道畅通，使客户可以随时与企业进行沟通，使客户可以向企业提出意见、建议或投诉。

3.1.1　客户沟通的作用

企业通过与客户沟通，可把企业的产品或服务的信息传递给客户，把企业的宗旨、理念介绍给客户，使客户知晓企业的经营意图，还可以把有关的政策向客户传达、宣传，并主动向客户征求对企业产品、服务或其他方面的意见和建议，理解客户的期望，加强与客户的情感交流。客户沟通的意见有以下两方面。

(1) 客户沟通是实现客户满意的基础。

根据美国营销协会的研究，有三分之一的客户声称是因为产品或服务本身的问题而对企业不满，其余三分之二的客户声称是因为企业与客户的沟通不当。

可见，客户沟通是使客户满意的一个重要环节。企业只有加强与客户的联系和沟通，才能了解客户的实际需求，满足他们的要求。特别是当企业出现失误时，有效的沟通有助于更快地获得客户的谅解，减少或消除客户的不满。

一般来说，企业与客户进行售后沟通可减少退货情况的发生。例如，通用汽车公司的做法是向新车主发祝贺信，信中祝贺客户选中了一辆好汽车，并且告知客户通用公司的售后服务内容，这样做可降低客户的不满从而减少退货情况。与此同时，通过售后沟通有助于提高客户对企业的依恋感。例如，每逢节日通用汽车公司还会给客户寄送贺卡，但是在内容中却绝口不提公司又开发了什么新的产品，这样当客户又准备买车的时候，反而很自然会首先想到通用汽车公司。

(2) 客户沟通是维护客户关系的基础。

企业经常与客户进行沟通，才能向客户传递双方长远合作的意义，加深与客户的感情，稳定客户关系，从而使客户重复购买次数增多。如果企业与客户间缺少沟通，那么好不容易建立起来的客户关系，可能会因为一些不必要的误会而土崩瓦解。因此，企业要及时、主动地与客户保持沟通，并且要建立起顺畅的沟通渠道，这样才能维护好客户关系，赢得一大批稳定的老客户。

3.1.2　客户沟通的内容

客户沟通的内容主要包含信息沟通、情感沟通、理念沟通和意见沟通，有时还需要政策沟通。

(1) 信息沟通。信息沟通是指企业把产品或服务的信息传递给客户，也包括客户将其需求或者要求反映给企业。

(2) 情感沟通。情感沟通是指企业主动采取相关措施，加强与客户的情感交流，加深客户对企业的依恋所采取的行动。

(3) 理念沟通。理念沟通是指企业把其宗旨、理念介绍给客户，目的是得到客户的认同和接受。

(4) 意见沟通。意见沟通是指企业主动向客户征求意见，或者客户主动将对企业的意见(包括投诉)反映给企业的行动。

(5) 政策沟通。政策沟通是指企业把有关政策向客户传达、宣传所采取的行动。

3.2　企业与客户沟通的途径

3.2.1　通过人员与客户沟通

企业人员可以当面向客户介绍企业及其产品或者服务的信息，这样可以及时答复和解决客户提出的问题，并对客户主动询问以进行典型调查，了解客户的意见及客户对投诉处理的满意度和建议等。

企业人员与客户可直接交流，进行信息的双向沟通，可使双方从单纯的买卖关系发展到建立彼此之间的友谊，进而提升和保持长期的客户关系。例如，星巴克对员工进行深度的专业培训，使每位员工都成为咖啡方面的专家，这些员工被称为咖啡大师(Coffee

Master)，他们被授权可以和客户一起探讨有关咖啡的种植、挑选和品尝的事宜，还可以讨论有关咖啡的文化、甚至奇闻轶事，以及回答客户的各种询问。

3.2.2　通过活动与客户沟通

通过举办活动可以让企业的目标客户放松下来，达到增强沟通的效果。如通过座谈会的形式，定期把客户请来进行面对面的沟通，让每位客户畅所欲言或者填写意见征询表，向他们征求对企业的投诉和意见，通过这种敞开心扉的交流方式，不仅可使企业与客户间的沟通无障碍，而且还可以为客户提供广交同行朋友的机会。在座谈会上，客户之间可以相互学习、相互取经。此外，通过定期或不定期地对客户进行拜访，与客户进行面对面的沟通，可以收集他们的意见，倾听他们的想法，消除企业与客户间的隔阂。

另外，邀请客户联谊也是加深企业与客户间感情的好方式。联谊活动有多种形式，如宴会、娱乐活动、健身活动或参观考察等，其目的是拉近企业与客户间的距离，与客户建立一种朋友式的关系。

当然，企业还可以通过促销活动与客户沟通，使潜在客户和目标客户有试用新产品的机会，从而建立新的客户关系，也使现实客户(这里包括新客户、重复购买客户、忠实客户和购买衰退客户)有再次购买或增加购买的机会，从而有利于提升和发展客户关系。

此外，通过开展公益活动也可以达到很好的沟通效果。例如，作为一个出色的企业，沃尔玛自进入中国以来，积极开展“迎奥运、促和谐、做先锋”“奥运年，中国心”“关爱农民工子女”等公益活动，对非营利组织和公益事业(如学校、图书馆、经济发展团体、医院、医学研究计划和环保方案等)的捐赠也十分慷慨，从而树立了良好的公益形象。

3.2.3　通过信函、电话、互联网等方式与客户沟通

企业可以通过信函、电话与客户沟通，企业可以向客户寄去信函，或者打电话宣传、介绍企业的产品或服务，或者解答客户的疑问。例如，沃尔玛设置了全国免费客户服务热线，通过开通电话沟通服务，客户只要拨通热线电话就可以免费与企业进行沟通，得到有关答复或者服务，从而为客户提要求、反馈意见和建议提供了便捷的渠道。

随着技术的进步和沟通实践的发展，新的沟通渠道不断地出现，特别是互联网的兴起彻底改变了企业与客户沟通、交流的方式，企业可以在强大的数据库系统的支持下，通过电子商务的手段开设公司网站为客户提供产品或服务信息，与客户进行实时沟通，从而缩短企业与客户之间的距离。例如，许多知名国际大企业的网站做得非常人性化，不仅有全球的官方网站，而且有针对不同地区设计的特色网站。客户只要登录网站客户就可以掌握企业产品的任何资讯，任何信息都可以在网站上快速获取。

另外，随着现代通信手段的发展，企业还可以通过电子邮件、手机短信、微信、微博等形式与客户沟通，提供产品与服务信息，如通过定期向用户邮箱发送订阅邮件，建立微信公众号及官方微博，定期发布产品，评论区回答客户疑问等方式，提供服务咨询、解决客户需求等。

3.2.4　通过广告与客户沟通

广告的形式多样，传播范围广，可对目标客户、潜在客户和现实客户进行解释、说明、

说服或提醒等，是企业与客户沟通的一种重要途径。

通过广告与客户沟通的优点是：迅速及时，能够指定时间刊登或安排播放，并可精心设计信息内容，让信息在客户心中留下深刻的印象。通过广告与客户沟通的缺点是：单向沟通，公众信往度较低，易引起客户逆反心理。因此，企业的广告要减少功利的色彩，多做一些公关广告和公益广告，赢得客户的好感。

3.2.5　通过公共宣传及企业的自办宣传物与客户沟通

通过公共宣传与客户沟通的优点是：可以增加信息的可信度，因为它是一个与获利无关的宣传方式，比较可靠。另外，公共宣传还可使企业欲向客户传递的信息得到免费曝光的机会，从而提高企业的影响力。通过公共宣传与客户沟通的缺点是：企业对宣传的角度没有控制权，企业希望得到宣传的信息未必会被新闻机构所采用，即使被采用，企业也无法控制何时被采用。

不过，企业可通过内部刊物发布企业的政策与信息，及时将企业经营战略与策略变化信息传递给客户。当然，这里的信息包括新产品的开发信息、产品价格的变动信息、新制定的对客户的奖励政策、返利的变化以及促销活动的开展情况等。例如，宜家精心为每件商品制定了“导购信息”，有关产品的价格、功能、使用规则、购买程序等所有的信息都可以通过扫描商品二维码一键获取。对于比较复杂的组装家具，宜家则在卖场里通过反复放映录像和使用挂图来指导客户组装。

3.2.6　通过包装与客户沟通

企业给客户的第一印象往往来自企业的产品，而产品给客户的第一印象来自包装。包装是企业与客户沟通的无声语言，好的包装能够吸引客户的视线，给客户留下美好的印象，并激起客户的购买欲望。

包装还可以传达企业对社会、公众以及自然和环境的态度。现在有越来越多的生产厂商采用无污染的、能够生物降解或循环利用的包装材料，给客户留下企业爱护环境、富有责任感的印象。

对银行这样的服务机构来说，包装如银行的营业环境及工作人员的形象等。就是服务的软硬件展示招商银行就非常重视服务环境的包装，投入大量资源进行营业厅环境改造，具体举措如提高装修水平、设置服务标识、配备饮料、放置报纸和杂志、安装壁挂电视等，并由此衍生出微笑站立服务、低柜服务，这些改变了银行冷冰冰的面孔和传统服务模式。当其他银行的客户在柜台前排起长龙等待办理金融业务的时候，招商银行率先推出叫号机，后来又改良了排队叫号器设置，在叫号器界面上设立不同业务种类，客户按照不同业务的种类取号，分别在不同的区域排队等候，减少了相互干扰，保证营业厅秩序，从而营造出舒适的氛围。

总之，企业与客户沟通的形式多样，其目的是通过经常性的沟通让客户了解企业的理念与宗旨，让客户知道企业是他们的好朋友，企业很关心他们，为了不断满足他们的要求，企业愿意不断地提升产品或者服务的品质，通过这些手段来提升客户关系。

3.3 客户与企业沟通的途径

客户与企业的沟通是客户将其需求或者要求反映给企业，包括将对企业的意见反映给企业的行动。客户与企业的沟通途径有信函、电话、网络、电邮等。为保证客户和企业的沟通，企业必须鼓励满意度低的客户提出自己的意见，这可以想办法降低客户的投诉门槛，通过为客户提供各种便利的投诉途径并保持该途径的畅通等方式，让客户投诉变得简单。

1. 开通免费投诉电话、24 小时投诉热线等

自从美国保洁公司首创了“客户免费投诉电话”以来，目前已有不少企业也效仿设立了免费投诉(热线)电话，客户只要拨通热线电话就可以免费与企业进行沟通并得到有关答复，从而为接收、处理客户的要求、建议敞开了大门。

日本花王公司运用其电子咨询系统，不仅为客户详细地了解企业及其产品提供了便利，而且为企业及时地了解和掌握客户的意见、建议和需求提供了可能，从而使企业做到按需生产、按需销售，保证产品适销对路。

惠普中国公司为主要客户提供了“24 小时技术服务呼叫电话”，随时答复客户的服务要求和使用咨询等，这对赢得客户信任、建立良好的客户关系十分有效。

2. 设置意见箱、意见簿、意见表等

设置意见箱、意见簿、意见表等是比较常见的企业与客户沟通的途径，大多数企业配备有相关的收集客户意见的设施，例如：医院在走廊上设置意见箱，向病人询问服务满意度并征集改进措施；餐厅在客户用餐完毕之后询问其感受，并请客户填写意见表，增进服务质量，提高服务意识；银行在业务办理窗口或柜台设置意见簿，提高客户服务人员的服务质量；等等。

3. 建立有利于客户与企业沟通的制度

企业要积极建立客户投诉制度和建议制度，清清楚楚、明明白白地告诉客户企业接受投诉的部门及其联系方式和投诉处理工作程序。

此外，企业还可设立奖励制度鼓励客户投诉，例如，联邦快递就保证若客户在递交邮件的次日上午 10:30 前没有收到邮件，只要客户投诉，那么邮递费用全免。上海铁路局上海站则通过设立“乘客征求意见奖”来鼓励乘客投诉。

总之，企业要方便客户与企业的沟通，方便客户投诉和提意见，并且尽可能降低客户投诉的成本，减少其花在投诉上的时间、精力和金钱等。

企业可以多创造一些与客户面对面交流的机会，敞开心扉，进行平等沟通，这样有助于增强客户对企业的好感度，提高客户忠诚度。

3.4 客户沟通方案设计

客户沟通方式设计是指企业从自身实际出发，设计合适的客户沟通方案有助于其在正确的时间及正确的地点联系上客户，用个性化的方式与不同客户沟通，深入洞察

客户，了解他们的需求以及收集意见建议，以便为他们提供更加个性化的促销消息、产品推荐、售后服务等。如图 3-1 所示，客户沟通方案的设计包括确定沟通对象、确定沟通目标、设计沟通内容、决定沟通预算、选择沟通渠道与频率以及评估沟通效果六个步骤。它们分别回答了与哪些客户沟通、希望达到什么目的、说什么、预计花多少钱、怎么说、是否达到预期目的这六个方面的问题。

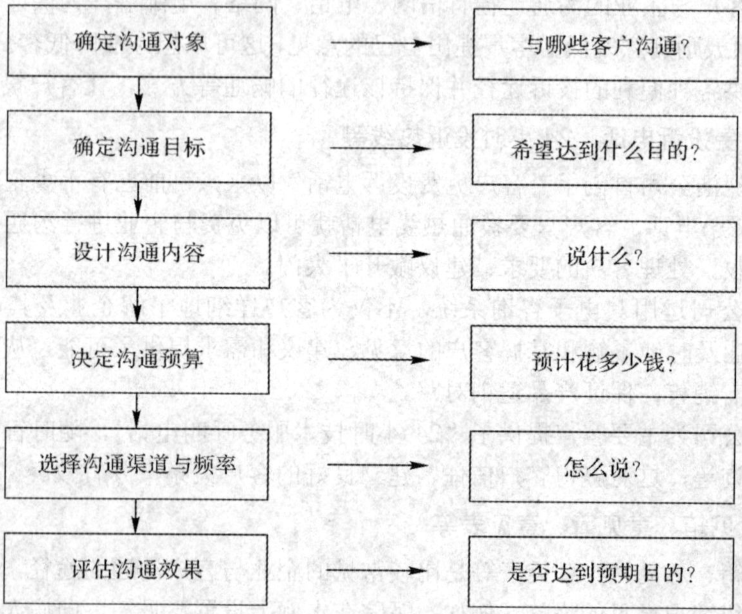

图 3-1　客户沟通方案设计步骤

1. 确定沟通对象

在开始设计客户沟通方案时，企业首先可以利用客户生命周期来区分客户的类型及其不同的需求和行为特征，企业需要深入研究处于不同客户生命周期中的客户的基本期望及潜在希望(如表 3-1 所示)，以此确定沟通内容的设计、费用、沟通渠道的选择等。

表 3-1　不同客户生命周期的基本期望及潜在期望

客户关系生命周期阶段	基 本 期 望	潜 在 期 望
潜在获取期	优质的有形产品，配套的附加产品	更大的物质利益，企业的关心
客户成长期	潜在获取期提供的一切价值	受到企业非同一般的重视
客户成熟期	成长期提供的一切价值，企业和自己得到的价值对等	成为企业的一部分，自我对企业的重要价值得到认同

除了客户生命周期，企业也可以根据不同消费者的类型来确定沟通对象。例如，中国有五类消费者，包括敢于冒险者(占 14%)、努力耕耘者(占 22%)、价格至上者(占 27%)、潮流追随者(占 26%)和时代落伍者(占 10%)。

敢于冒险者乐于尝试新事物，喜欢购买最新技术和新潮的产品、服务；努力耕耘者则以质量为第一位，愿意花钱买高质量的品牌；价格至上者讲究物有所值，为买得合算，情愿等到商品降价再买；潮流追随者容易受到广告影响；时代落伍者也要买品牌，但国际品牌还是国内品牌对他们来说区别不大。

此外，还可以根据客户的不同特点，将客户分为理智型、任务型、贪婪型、主人翁型、抢功型、吝啬型、关系型以及综合型，其具体特点及应对方法如表3-2所示。

表3-2 不同客户类型的特点及应对方法

客户类型	具体特点	对应方法
理智型	比较理智，有原则；比较细心、负责。不会因为个人的感情色彩影响选择，他们在选择供应商之前都会做适当的考核比较，得出理智的选择	通过坦诚、直率的交流，把自己的能力、特长、优劣势等以直观的方式展现给对方。承诺的一定要做到，能做到的一定要承诺到
任务型	完成上级或他人交代的任务，量力而行，只要做到比下有余就行了	周到的服务，主动为客户分析，一定要承诺的斩钉截铁，给对方吃个定心丸
贪婪型	关系比较复杂，做事目的性强，把价格压得厉害，对质量和服务也要求比较高，但这类型的客户很稳定，只要和对方保持长期稳定合作关系，就容易把握住对方需求。这类客户时常会主动要求和接受额外利益	主动构建紧密的关系，服务中不可大造声势，要给对方安全感和保密感。另外在质量、价格、服务上都要有一定的保障，这类客户要主动送礼、主动给回扣。但要注意适度，不能一味满足
主人翁型	客户只在乎追求价格、质量、服务的最佳结合体，尤其价格最为关注，所以对于这样的客户首先要在价格上给予适当的满足，再采用质量回升价格的战略	服务这类客户以从价格为突破口，在价格上给客户留下一个好的印象，可以根据客户的认知度定位相应质量的产品或服务
抢功型	地位一般是处于上升趋势。这样的客户重点关注产品质量，同时价格只要适当就可以了	千万不可以伤其自尊心，在产品、服务质量上一定要把控好，不需要保持太紧密的联系，关键是在日常的工作中给予适当的帮助，为客户在自身公司的发展提供力所能及的帮助
吝啬型	这样的客户不会因为稳定、信任、关系而选择一个固定的供应商。他们首先会比较价格，然后把对方的利润压得很低，最后再要求质量	不要在这样的客户身上花费太多的时间，此类型客户不是企业发展的重点
关系型	这样的客户是先有朋友关系，后有业务交往。一般是通过朋友介绍朋友，熟人介绍熟人的渠道而来	从他本人入手，了解对方的兴趣爱好、性格特点，和其培养朋友关系；从他身边的人入手，通过他身边的人介绍认识。但在工作中要注意朋友和客户的界限
综合型	这样的客户在交往中没有一定性格模式，特定的环境下会演变成特定类型的客户，这样的客户一般非常老道，社会经验非常丰富，关系网也比较复杂，他的生活轨迹也不容易把握，思想活动很难摸清	在与这样的客户交往过程中，通常采用以静制动的战略攻势比较好。始终要装作糊涂、认真、虔诚的心态，静观其变，等待把握客户的心态之后再对症下药

2. 确定沟通目标

企业与客户沟通的目标包括：加深与现有客户的经济联系或情感联系，扩大企业知名度，吸引潜在客户，增加客户的认同感或鼓励潜在客户购买企业的产品或服务。企业在确定沟通目标的时候要注意目标的具体性、可实现性、多样性以及时间界限。

3. 设计沟通内容

在设计沟通内容时，企业首先要设计沟通主题，主题的设定取决于目标客户的基本要求以及他们希望获得哪些信息，接下来企业需要考虑的是沟通内容的结构，例如重要信息的位置安排以及是否需要为客户提供结论。

4. 决定沟通预算

企业可以根据自身的资源、销售额、利润的比例、竞争对手的状况或客户沟通目标来确定预算。

5. 选择沟通的渠道与频率

企业应该结合客户期望，在分析不同沟通渠道优劣势的基础上，选择单一或组合渠道与客户进行沟通。客户沟通的渠道包括了人员沟通渠道及非人员沟通渠道，人员沟通的渠道有面对面交流、信函、电子邮件、网站、电话等，其沟通能力的比较如表 3-3 所示。非人员沟通的渠道包括了媒体、环境及事件。沟通的时间与频率取决于客户的需求。

表 3-3　各种人员沟通渠道的沟通能力比较

沟通渠道类型	成本	速度	传递信息的丰富性	沟通性
面对面交流	高	稍慢	很丰富	强
信函	中	慢	丰富	弱
电子邮件	低	快	丰富	较弱
网站	低	快	丰富	较弱
电话	高	很快	不丰富	较强

6. 评估沟通效果

在沟通方案实施后，企业需要考虑风险如何防范，沟通效果怎样，是否实现了既定的目标，在与客户沟通的过程中存在哪些需要改进的问题，或者发现了哪些新问题、新现象需要完善。

3.5　提问与复述的技巧

3.5.1　提问的技巧

1. 提问的目的

处理和维护好客户关系，仅善于听是不够的，还要掌握一定的提问技巧，善于向客户提出问题，了解到客户的潜在需求。

2. 开放式问题的使用技巧

开放式问题就是让客户比较自由地尽量把自己的观点都讲出来。这种提问的方式可以帮助客户服务代表(服务代表)去了解一些情况和事实，比如当你去医院看病时，医生问你哪里不舒服，这就是一个开放式的问题。开放式的问题可以帮助服务代表了解客户的需求，问题出在哪里。

一般来说，在服务一开始，服务代表使用的都是开放式的提问。但由于开放式的问题得到的客户回答也可能是开放的，所以很多时候根本起不到有效缩短服务时间的作用。因此，在很多时候服务代表还需要使用封闭式的问题进行提问。

3. 封闭式问题的使用技巧

封闭式问题是帮助客户来进行判断的，客户在面对你的问题时只需要回答“是”或者“不是”。封闭式的提问需要服务代表自身有很丰富的专业知识，大量地使用封闭式问题还有一个前提，就是客户所有的回答都必须是肯定的。如果所有的回答都是肯定的，那么你的客户就会觉得你真的很专业，因为你对客户的需求或喜好有非常准确的判断能力。如果服务代表能正确、大量地使用封闭式的提问，就能充分地体现出较高的职业素质。

4. 如何使用提问技巧来妥善地解决客户的需求

可以看出，在提问技巧中使用开放式和封闭式两种问题都是有必要的，那么一般情况下如何使用这两种问题技巧呢？通常都是先提一个开放式的问题，如有什么需要我帮忙的吗，然后马上又转入封闭式的问题，两种提问技巧的交互使用可迅速地判断出客户的问题所在。当然，如果服务代表能够很成功地运用封闭式的问题把客户的问题找到，那么就说明他的个人经验非常丰富，因为运用个人的经验来做判断也是提问的技巧之一。

3.5.2 复述的技巧

复述的技巧包括两个方面：一方面是复述事实，另一方面是复述情感。复述内容应与倾听的内容相同，因为复述也就是把你所听到的内容重新叙述出来。

1. 复述事实

1) 复述事实的目的

复述事实的目的就是彻底地分清责任，服务代表先向客户确认自己所听到的是否正确，如果客户说“对了”，那以后已厘清责任的问题带来的不良后果就不需要服务代表承担了。

2) 复述事实的好处

(1) 分清责任。服务人员通过复述，向客户进行确认，印证自己所听到的内容，如果客户没有提出异议，那么再有问题，责任就不在服务人员身上了。

(2) 提醒作用。复述事实还有一个好处就是可以提醒客户是不是还有遗忘的内容，是不是还有其他的问题需要一起解决，这是针对那些自己也搞不明白自己究竟需要什么东西的客户而采取的措施，当你重复完可以问问客户还有没有什么要补充的，如果客户说没有了，那就可以进入解决问题的阶段了。

(3) 体现职业化素质。复述事实还可以体现服务人员的职业化素质。对事实的复述不仅能体现出服务人员的专业水准，更重要的是还会让客户感觉到对方是在为自己服务，这种感觉是很重要的，这在一定程度上满足了客户的情感需求。

2. 复述情感

复述情感就是对于客户的观点不断地给予认同，比如您说的有道理，我理解您的心情，我知道您很着急，您说的很对等等，这些都叫作复述情感。在复述的过程中，复述情感的技巧是最为重要的，在使用时也非常复杂，这需要服务人员具有如同理心、倾听能力等素质。

思考与练习

一、单选题

1. 企业分享其经营宗旨、企业价值观等给客户，并使客户认同和接受，这属于客户沟通中的(　　)。

A. 情感沟通　　B. 理念沟通　　C. 意见沟通　　D. 政策沟通

2. 雅芳通过专业的美容代表向客户传授美容心得，帮助客户成就美丽，这属于企业与客户沟通途径中的(　　)。

A. 通过人员与客户沟通　　B. 通过活动与客户沟通

C. 通过广告与客户沟通　　D. 通过公共宣传与客户沟通

3. 以下属于客户沟通的非人员渠道的是(　　)。

A. 电话　　B. 网站　　C. 事件　　D. 电子邮件

二、填空题

1. 客户沟通的主要内容包括________、________、________、________和________。

2. 处理客户投诉的四部曲是__________、__________、__________和__________。

3. 扫除客户投诉障碍的方法包括________、________和________。

4. 产生客户投诉的原因包括________和________两个方面。

三、问答题

1. 客户沟通有哪些作用？

2. 客户沟通包括了哪些内容？

3. 为什么要重视客户投诉？

四、实训题

选择一家熟悉的企业，描述其客户的类型特征，并为其设计一份客户沟通方案。

项目 4　客户投诉的处理

【学习目标】

(1) 了解客户的类型；

(2) 掌握有效处理客户投诉的技巧(沟通的技巧、倾听的技巧、谈判的技巧等)；

(3) 明确客户投诉的类型；

(4) 熟知处理客户投诉的流程。

面对客户投诉应高度重视，纵使客户投诉的问题不在公司的责任范围内，也一定要及时地调查并处理。事实上处理客户投诉的过程也是提高客户满意度的过程，满意的客户自然是企业的忠诚消费者和支持者。

世界上没有尽善尽美、毫无瑕疵的服务，正如海尔总裁张瑞敏所说："没有最好，只有更好。"服务所固有的特性决定了服务失败可能发生在任何一个时间、任何一个环节、任何一个客户身上，因此当服务失败已经发生时我们要尽量把负面的影响降到最低，有效地避免和消除因客户的投诉而造成的不良影响。

4.1　客户投诉的产生

4.1.1　正常投诉与非正常投诉

《质量管理 顾客满意组织处理投诉指南》(GB/T 19012—2008) (ISO10002:2004)将投诉定义为："由于产品质量或投诉处理本身没有达到客户的期望，客户向组织提出不满意的表示。"而根据投诉者当时的心理状况，投诉又有正常投诉和非正常投诉之分。

正常投诉是客户对产品和服务不满意的一种表现。当客户购买产品时，对产品本身和组织的服务都有良好的期望，如果这些期望得不到满足，心理就会失去平衡，由此产生的抱怨和想"讨个说法"的行为就是客户的正常投诉。

非正常投诉是指在非正常心理的支配下，投诉者采用非正常手段和方法，并通过非正常渠道，向组织提出高于法律、法规、规章、政策、惯例规定及双方约定的要求，并使组织难以实现或根本无法实现，因此对组织产生负面影响，甚至造成重大损失的投诉。

中国著名保健品品牌三株口服液"吃死人事件"发生后，在事件真相尚未调查清楚之前，客户的非正常投诉相继出现，由于公司对产品质量的信心不足加上对"品牌危机"事件处理不当，三株公司迅速陷入危机：产品销量大减，甚至停产，品牌形象受到十分严重的伤害……虽然事后调查结果显示："吃死人事件"与三株公司口服液产品无关，但三株公司至今还没有从这次危机中恢复过来，令人为之惋惜。

企业被投诉是正常的，任何企业都有可能会遇到，但过高的、无理的要求，以及伴随而生的种种非正常现象，就成了非正常投诉，它常常会给企业带来巨大的损失。对客户来讲，投诉已经成为保护自身利益的有效手段，但切忌滥用投诉权，将本无辜的企业推入灾难的深渊。

4.1.2　了解客户投诉产生的原因

兵法有云："知己知彼，百战不殆。"若想有效地处理投诉，必须先了解为什么会产生投诉，知道了原因，才能对症下药，有效地找到解决的办法。从根本上来讲，投诉是客户因公司产品或服务质量没有达到期望而提出不满意的表示。企业产品(服务)与客户期望两者之间会产生差异的原因，绝大多数来自企业方面，也有部分来自消费者自身以及社会方面。

1. 企业方面的原因

(1) 产品质量存在缺陷。

根据《中华人民共和国产品质量法》的定义，产品缺陷是指产品存在危及人身、他人财产安全的不合理的危险。产品质量的缺陷具体可分为假冒伪劣产品、标识不当产品和质量瑕疵产品。

(2) 服务质量存在问题。

国内一些优秀的产品品牌，如联想、海尔，都意识到服务的重要性，在做好产品的同时，确立了"服务制胜"的战略，以周到、优质的服务作为自己的竞争优势。服务既包括有形产品服务，又包括无形产品服务(如出租车服务、旅游等与人民群众生活息息相关的服务)。常见的服务问题有：

① 态度方面。一味地推销，不顾客户的真实需求；只顾自己聊天不理客户；紧跟客户，像在监视客户；客户不买时，马上板起脸，等等。

② 言语方面。不打招呼，也不回答客户问题；说话过于随便；言语不当，等等。

③ 销售方式方面。不耐烦地把展示中的商品拿给客户看；强制客户购买；对有关商品的知识一无所知，无法回答客户的咨询，等等。

(3) 使客户利益遭受损失。

在客户与商家的关系中，客户能享受的优惠取决于企业的成本，而企业的利润来自客户的消费，这个矛盾是永远不会消失的。只要矛盾存在，投诉就会存在。例如，2009 年各地就相继出现客户投诉燃气公司的情况："今天是你们的天然气改造时间，可我在家里等了整整 1 天，没有任何人来。到了傍晚，从 5 点多开始，到晚上 9 点多，我打了 4 次你们的热线电话，每次接电话的人都说已经帮我催了改造的工作人员，让我继续在家里等，可到现在为止，还是没有任何消息。没法做饭，没法洗澡，也没有人告诉我下一步该怎么办……""我们家卫生间的热水器没有一点问题，为什么叫我重新购置，不换就停止供气，这不是不讲道理吗……"

(4) 误导宣传。

不少公司为了获得客户，千方百计地突显产品的优势，给出一些无法实现的承诺，如将终身提供免费服务，出现故障致电我们，保证 1 小时内解决问题等，将这些作为商品的卖点大肆宣传，而在实际的售后服务中却因各种理由拒绝兑现承诺，让一些消费者感觉受到了欺骗，进而投诉商家。

另外，不少商家为了宣传产品、赢得客户的关注而做广告宣传，但是广告宣传过了头，就变成了误导消费者。

(5) 投诉管理机制缺失。

缺乏投诉管理机制、办法、流程，一线人员没有有力的后台支持，部门沟通、协作不畅；已有的投诉反馈意见不能通过有针对性改善的闭环管理予以消除或减少，造成大量重复投诉，耗费资源；对公关、传媒危机不能有效应对，造成投诉面扩大、不良影响加大。

由于某企业投诉管理机制障碍，客户产生投诉，经常会遇到“不知道应该找谁”的困惑。而有责任心的企业愿意承担责任，他们会在收到客户投诉的第一时间全力以赴地解决问题。

如果客户感觉你在处理抱怨时是没有诚意、敷衍的，甚至是不负责任的，他们不仅不会再光顾，而且还可能会大肆宣传该企业的服务不足，从而带给企业致命的打击。

(6) 一线服务人员工作不到位。

不少客户服务代表，面对客户的抱怨，经常是一味地向客户解释或者同其辩驳，这样只会浪费时间，令客户更加反感。倾听客户的抱怨，不要和他们争辩，即使他们说得不对也要等他们讲完，再心平气和地跟他们解释，这样既满足了客户的心理需要，又能了解到一些相关的信息，从而及时调整自身的服务策略，将有价值的信息及时反馈给公司。

2. 客户方面的原因

(1) 客户对产品或服务的期望值过高。

在瞬息万变的市场环境中，产品或服务会在不同层次的市场中转移，当一种商品或服务开始由高端市场转向中低端市场时，由于商品或服务本身质量的下滑，固有的高端客户会因为产品质量而投诉，而中低端客户又会因为对其预期过高，产品却无法满足预期而投诉。

(2) 客户本身个性。

素质高、修养好的客户，处理问题比较客观、冷静，即使因需求无法得到满足而投诉时，也比较理智，一般不会使矛盾升级，但会调整其今后的购买行为；素质低、修养差的客户，往往会斤斤计较，稍有不满就会投诉，若投诉解决不好，还会使投诉升级。一般情况下，性格温顺的人投诉少，性格怪僻、暴躁的人投诉多。

3. 社会原因

(1) 政府鼓励消费者主动维权。

“12315”热线的开通，使消费者自觉维权意识高涨。企业监管需要全社会的参与，来自各方面的投诉自然增加。

(2) 社会信用缺失。

某些不良企业或经营者欺诈消费者，得逞后人去楼空，换个地方继续行骗，使得消费者对商家有戒备心理，增加了沟通难度。还有某些消费者恶意投诉，以投诉之名，行敲诈勒索之实，因为没有社会信用的记录，有恃无恐，成为企业头疼的“钉子户”。

4.1.3　识别客户投诉的目的

投诉是客户提出不满意的表示，虽然客户的素质和期望各不相同，但投诉的目的不外乎两种：希望精神上得到满足；希望特殊需求得以满足。

1. 希望精神上得到满足

(1) 希望得到尊重——向我道歉、保全我的面子。

任何客户都有较强的自尊心，他们在服务过程中感到的不愉快，绝大多数情况下都是由于工作人员表现得对客户不够尊重而造成的，所以要了解并掌握客户渴望得到尊重的心理，在这种的情况下，客户服务人员应放下身段，放低姿态，真诚礼貌地对待客户。

(2) 希望得到理解——换位思考，站在我的角度考虑问题。

面对这样的客户，客户服务人员必须认真倾听他们的投诉，给予他们真诚关怀，并适当对其投诉回应，问题自然会顺利解决。

(3) 发泄不满情绪。

客户带着怒气和抱怨进行投诉时，有可能只是为了发泄自己的不满情绪，以释放和缓解郁闷或不愉快的心情，维持心理上的平衡。通常情况下，直接发泄不满情绪的情况多见于重复投诉。在处理这种类型客户的投诉时，客户服务代表的耐心回应显得尤为重要。应以恰当的词语和友善的态度安抚客户，并及时与相关部门取得联系，确认客户的问题，分清责任，给予客户合理的解释，并力争得到客户的理解与谅解。

2. 希望特殊需求得以满足

客户服务人员不但要能认识到投诉给客户带来的危害，而且也能站在客户的角度考虑问题，这样整个事态发展就不会失去控制，大家就会按照合理的手段和程序来执行。

(1) 希望解决问题。

客户希望给他提供解决问题的方案或变通方法，说明要采取的具体行动，告诉他所需要的时间，通知他事态的进展。这样的客户多数是理性的，对自己要达成的目标势在必得。

(2) 希望得到补偿。

补偿包括物质补偿和经济补偿两种。在许多投诉事件中，特别是在有关费用的投诉事件中，客户投诉的目的在于寻求补偿，这是客户意识到自己权益受到损害后的要求。

(3) 希望改正失误。

这类客户往往会通过提意见的方式，警戒企业下次不要出现类似的事情。

【案例分析】

某公司客户新买的手机出现信号不好的情况，客户无法忍受，要求退货、换机、赔偿1000元人民币等，否则就向新闻媒体曝光。实际上，经过公司的检测，手机出现的这个问题并非普遍性问题，而且通过更换主板相关部件就可以恢复到全新的状态。

问题：客户有什么需求？客服人员该如何处理？

分析提示：

(1) 客户的需求。

① 技术知识的需求。客户之所以反应强烈，是因为其对通信技术知识并不是非常了解，因此存在对通信技术知识的需求。

② 心理补偿需求。新买的东西希望是完美的，刚买就出现瑕疵，心理无法接受，因此存在心理补偿的需求。

③ 获利需求。客户知道销售商和厂家都怕被媒体曝光，所以以此来威胁销售商，希望能获利(比如要求赔偿 1000 元，明知道不应该补偿这么多)。

(2) 处理方式分析。

① 针对客户的技术知识需求。应该派专业的技术人员，形象地向客户解释问题的技术本质，并说明带来的影响和对客户造成的损失，至少让客户心里明白问题的原因，即使他表面上不认同。

② 针对客户的心理补偿需求。应该进行一些让步，比如送一些装饰品或给手机进行保养等，但是不能送现金，补偿客户的获利需求是不合适的。

③ 客户的获利需求。针对客户的获利需求需要与其进行谈判。首先说明客户的获利需求是不合理的，但是如果不满足其需求，可能会给企业造成损失，因而可以给客户一定的赔偿，但是一定要有底线。

(3) 注意事项：谈判的过程中，应该先解决客户的技术需求，然后解决客户的获利需求，获利需求解决了，也就不用解决客户的心理需求了；如果没有获利需求，则解决客户的心理需求即可。辨别客户的心理补偿需求和获利需求，取决于对客户的了解和对人们大致心理需求程度的了解。

此外，要注意沟通技巧，在沟通的过程中观察和分析客户需求的变化。

4.1.4　识别客户投诉的类型

1. 商品质量投诉型

因为商品质量问题进行投诉的事件，占了所有投诉的大多数。尽管客户能够理解商品不可能完美无缺，不可能满足每一个人的需求，但是他们还是会对商品质量问题表示不满。

对于因质量问题给客户造成的影响，厂商应该真诚地向客户道歉，更换新产品，或者给予一定的经济补偿。

2. 企业原因投诉型

客户买了自己并不想要的商品，或者不清楚怎么使用的商品，也会对客服进行投诉。这就要求客户服务代表在向客户解释的时候，一定要搞清楚客户的真正需求，不要被客户的言语误导，同时确认客户已经理解商品的使用方法。现在市场上的商品种类越来越多，这就要求客户服务代表在平时为客户提供服务时，注意积累如何了解客户心理、需求等方面的知识，做到有备而“战”。

受理投诉是企业对过失或不足的一种弥补措施，也是提高客户满意度的一项重要途径。客户的素质和期望不同，投诉的原因也不尽相同，但投诉的目的不外乎两种：精神上得到补偿，如希望受到重视和尊敬，发泄心中的不满；物质上得到补偿，如经销商希望得到更多高质、畅销的货源。客户经理整天面对市场与客户，掌握受理客户投诉的方法与技巧理应是客户经理的必备能力。

3. 自身原因投诉型

由于客户对商品的不理解和错误的信息引导，也可能产生抱怨。这时，客户服务代表要委婉地告诉事情的来龙去脉，不要说得太直接。

4. 服务不当投诉型

客户服务工作是一项很艰苦的工作，因此，客户服务代表有时会因为过度疲劳而不能坚守服务准则，进而导致客户不满。这就需要企业认识到客户服务代表需要面临压力的现状，向他们提供良好的福利待遇，关心他们的需求。但是，这并不意味着客服代表与客户发生冲突就是可以原谅的事情，如果的确是客户服务代表的错误，就一定要对其进行严肃处理。

4.2 处理客户投诉的原则

处理客服投诉的宗旨是解决问题，而不是制造问题。当客户服务代表与客户发生争论的时候，就走入了“制造问题”的旋涡，此时原来的问题没解决，新问题又出现了。

成功的投诉处理一定有成功的原因，失败的投诉处理也一定有失败的原因。在处理投诉时要遵循一定的原则，即在最短的时间内解决客户的难题。

4.2.1 投诉处理的原则

1. 尊重原则

尊重你的客户就是尊重你自己，因为你尊重人家，人家才会尊重你。尊重就意味着让客户感到他们对经营者来说十分重要。尊重客户的基本点就是在任何时刻都要诚实地对待客户，绝不欺骗客户，不随意应付客户。客户提出的“挑剔”问题，就是你要改善的不足之处，你要虚心坦诚地接受，并尽最大努力去改善。

尊重客户不是口号，应该时刻体现在客户服务代表的日常工作过程中。

【知识链接】

客户服务代表在处理客户投诉中总结出如下经验：

与客户沟通时，必须表现出：

① 没有偏见；

② 礼貌；

③ 记住客户说过的话。

同时，客户服务代表要避免下面的忌语：

① 我们不能……；

② 如果你能……，我们就可以；

③ 那不属于我的职责范围；

④ 那是不可能的……

2. 理解原则

理解原则的核心就是理解客户的需求，了解客户希望客户服务代表为他做什么。做到真正理解客户是成功帮助客户的一个前提。

(1) 客户服务代表在理解客户的整个阶段，需要具备以下三大技巧：

① 听。客户服务代表应全神贯注地倾听客户的投诉内容，并对客户所说的话给予恰当的回应，或认同，或理解。必要时，还要对客户在投诉过程中提到的问题做个记录。

② 问。客户服务代表应学会提问的技巧，准确地提出问题，迅速发现客户的需求。

③ 复述。客户服务代表还应掌控整个谈话过程，对客户谈到的问题做个复述，以确认是否明白客户的需求，以便提供更优质的服务。

(2) 知道了三大技巧之后，客户服务代表应掌握理解客户的以下原则：

① 从客户的观点出发，体验客户的内心感觉。

② 允许客户发泄心中的不满。

③ 理解和谅解都是十分重要的沟通原则。

(3) 互相理解的三个步骤：

① 初步了解客户的基本情况。

② 换位思考，试着站在客户的角度思考问题，替客户着想。

③ 做到真正地理解客户，消除隔阂，与客户互相谅解。

(4) 表示理解的规范用语：

① 知道这件事我们也很痛心……

② 对您的不幸遭遇我们深表歉意……

③ 我完全理解您的处境……

④ 我和您一样关注此事。

3. 及时妥善原则

美国著名营销学专家菲利普·科特勒教授通过对销售业的研究发现，如果客户的投诉被处理得十分迅速得当，再次表现出忠诚的客户会有95%；如果客户投诉最终能得到妥当解决，也会有54%～70%的客户会再次选择购买原企业的商品，由此可见，在处理客户投诉时，及时妥善原则尤为关键。一旦出现客户投诉事件，我们必须及时处理并采取适当的服务补救措施。

及时妥善原则意味着毫不拖延地处理客户的要求，直至呈现出客户满意的结果。对客户的要求做出积极响应、灵活应对；如有必要，客户服务代表应将投诉迅速提交给上级主管处理，及时将处理结果通知客户。

4. 解决问题原则

在处理客户投诉时，要明白：若没解决问题，就是在制造问题。处理投诉的目标是“让客户在最短的时间内获得满意”，从而圆满解决投诉问题。如果这个投诉处理不能让客户感到满意，那就是投诉升级的前兆。使投诉升级就是在制造问题。

事实上，任何一位客户服务代表都希望自己处理的投诉结果能令客户满意。然而，在许多投诉中，客户偏偏“吹毛求疵”。遇到这样的客户建议客户服务代表及时采取“三换”法则，避免问题升级：一是把问题换给他人(主管或者专业部门)，二是换个时间处理问题，三是换个地点处理问题。

4.2.2 应对客户生气的原则

在客户投诉过程中，难免要面对客户生气、发怒的情形，有时是因为服务中的失误，有时并不是服务有问题，而只是实际的服务不符合客户自己的期望。面对客户生气的情况，客户服务代表可以运用以下五个原则来处理。

1. 保持冷静

作为客户服务人员，务必保持冷静和耐心，以便找出客户生气的原因并针对原因进行解决。如果客户有什么过激的言行，要知道他们并不是针对你个人，只是发泄受挫的情绪。如果认为客户的怒气是针对你个人的，就容易报以消极的举动。

以下方法可以帮助客户服务代表保持冷静。

(1) 转移注意力。

使自己保持冷静的一个方法是将自己的注意力从客户的消极言行转到客户的需求上来，集中于你可以做些什么来帮助客户。

(2) 暂时离开。

如果感到自己有情绪失控的迹象，最好以查找资料等为借口暂时离开，借此机会使自己平静下来，然后再回来继续处理眼前的情况。

(3) 鼓励自己。

遇到生气、无礼的客户时，我们可能难以表现出冷静、友好的态度。此时不妨告诉自己："坚持住，过几分钟他就要走了，不要因为这个影响了心情。"

2. 让客户发泄不满

当客户感到不满时，会试图表达自己的感受，以减轻自己的沮丧感。此时如果阻止或打断客户说话都会使他变得更加生气。客户甚至会将怒气发泄在别人身上。所以我们要先让客户发泄他不满的情绪，他只有说完自己想说的话后，才能更好地将注意点放在你要说的话上。

3. 平息客户的怒气

客户过于激动会使双方难以沟通，因此客户服务代表在解决问题之前，首先要使客户冷静下来，可以试试以下做法。

(1) 表达对客户的理解，站在客户的角度去理解客户的感受。对客户表示理解并不意味着赞同他的观点，而是表示我们尊重并理解他的感受，愿意与他共同解决问题。

(2) 转移客户的注意力，努力使客户的注意力转移到如何解决当前问题上来。要做到这一点，我们要对谈话进行引导，例如：我怎样做能够帮您解决这个问题？您认为哪种解决办法比较好？

(3) 遵守规定应付无礼客户。如果客户做出粗暴无礼的言行，经努力后仍无法使他配合工作，此时则可以告知对方：在这种状态下是无法帮助他解决问题的，请他先离开，另找时间商谈，或按照规定请公司有关部门处理。

4. 找出问题所在

仔细倾听客户的描述，并有针对性地进行提问，提问能帮助我们确定问题产生的原因。也可通过复述客户的话确认你听到的信息。

5. 制订、实施解决方案

获得足够信息后，要与客户一同寻找最合适的解决方案。让客户参与进来，由此带给客户的这种参与感和责任感能帮助客户平息先前的怒气，并帮助你找到最能令客户满意的方案。

在双方就解决方案达成共识后，按步骤实施，并通过电话、邮件、拜访等方式跟进处理结果，确保解决方案已经生效。

4.3　处理客户投诉的流程

客户投诉会让企业承受巨大的压力：客户要求退货、赔偿，企业的销售业绩和收入会受到影响；客户投诉的处理牵扯了大量的人力，增加企业的人力成本，耗费企业的资源；有的投诉客户唯恐得不到重视，到处散播对企业不利的信息，诋毁企业的声誉。一旦处理不慎，客户投诉会给企业带来严重的影响。因此作为一名客户服务人员，我们需要从态度、言语、处事方式等方面想方设法地为客户的问题找到最佳的解决方案。解决方案应建立在了解客户需求、期望的基础之上。知道了客户对服务有哪些要求，期望得到什么结果，才可能妥善地解决问题，令客户满意。一般而言，处理投诉基本遵循以下流程，包括掌控情绪、收集客户信息、掌握客户类型、领会客户的动机与需求、谈判、落实方案、跟踪结果等。

4.3.1　掌控情绪

掌控情绪的出发点是双向的，一是掌控自己的情绪，二是掌控客户的情绪。掌控自己的情绪相对来说容易一些，而要掌控客户的情绪就非常难。这时，我们可以做的就是先安抚，再循循善诱，把客户的情绪引向良性的状态。

一般来讲，客户是在产品使用或获得服务中遇到了问题、感到不开心才来投诉的，心里有闷气，难免会表现在言语和行为之中。对待怒气冲冲的客户，客户服务代表首要的做法就是理解客户、克制自己，心平气和地听完客户的遭遇，对客户表示歉意。如果客户情绪很激动，客户服务代表就更应该注意礼貌，绝不能与客户发生争执；一旦发生争执，就会给客户留下糟糕的印象，进而造成客户对公司产生不佳的印象，就此失去了这位客户。因此，客户服务代表一定要努力克制自己，设法平息客户的怒气，必要时可请求负责问题的直接主管人员接待客户，解决问题。

客户服务代表在处理客户投诉时，一方面要注意平息客户的不满情绪，帮助客户解决问题；另一方面，也要注意维护企业的利益，懂得一些处理问题的技巧。比如，在对客户所投诉的问题进行解答时，不能简单地把一切责任都推卸给其他部门，或是随便贬低其他部门以暂时平息事件。这种做法虽然能消去客户的心头之气，但是却损害了整体的利益，是不可取的。

4.3.2　收集客户信息

收集客户信息的目的是更好地了解客户。只有收集到客户所有的信息，才能更好地了解客户投诉的心理过程。在客户投诉的过程中，应认真倾听、及时记录，从而找到客户投诉的真正原因。

如何才能有效地收集客户的信息呢？一般来说包括以下几个步骤。

1. 认真倾听

通过倾听客户的投诉内容，从而确定具体受理部门和相关的负责人。在收集客户信息的过程中，倾听是掌握信息来源的最佳方式。不管客户投诉的问题是否合理，绝对不能打断客户的陈述，而是应当适时地向客户表示认同与回应，仔细分析客户投诉的真正目的，同时在适当的时机切入问题的重点，让客户了解公司积极、高效的应对方式，缓解客户的抱怨情绪。如果面对投诉客户，客户服务人员一味地和客户抢话，或是急于表达自己的立场，那么只会激起客户的反抗情绪，造成失控场面。

2. 记录投诉内容

利用客户投诉记录表详细地记录客户投诉的全部内容，如投诉人、投诉时间、投诉对象、投诉要求等，在重点争议地方详细标注，以便查询。

3. 判定投诉是否成立

了解客户投诉的内容后，要判定客户投诉的理由是否充分，投诉要求是否合理。如果投诉不能成立，则应以婉转的方式答复客户，取得客户的谅解，消除误会。

4.3.3 掌握客户类型

从气质的角度重点总结出四种客户类型：多血质型、胆汁质型、黏液质型和抑郁质型。各气质类型的特点如图 4-1 所示。从客户说话声音的强弱、语气的高低可以分辨出四种客户情绪类型：牢骚型、谈判型、理智型和骚扰型。

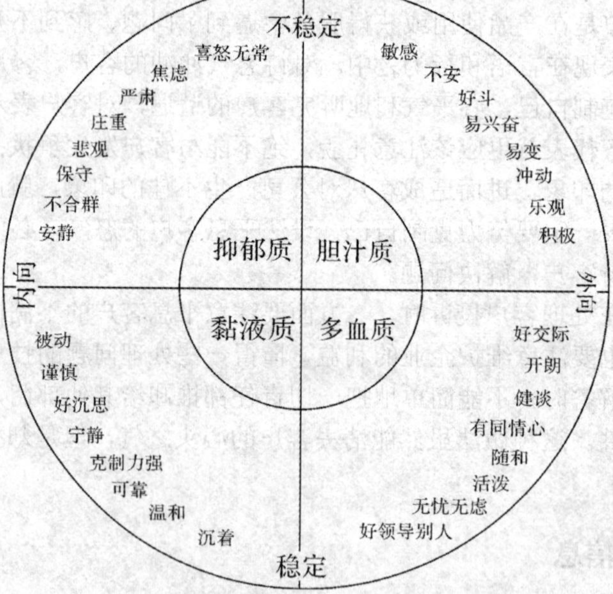

图 4-1　各气质类型的特点

处理客户投诉需要针对不同的客户类型采取合适的行动方案。气质类型是大的范畴，客户情绪类型是小的范畴，也就是说，一个多血质型的客户有可能表现出四种情绪类型。可在辨别出客户类型后，再有针对性地寻找客户投诉的解决方案。

在与客户沟通中判断出客户类型之后，就可以采取不同的沟通策略和技巧来应对客户。客户服务代表在家中、在朋友面前可以不加思索、随心所欲地表达出个人的性格特点，但当客户服务代表在受理客户投诉时，语言应该从“生活随意型”转到“专业型”。

在工作环境中客户服务代表必须养成使用适合的修辞、择语与音调的习惯。对于表达的逻辑性、咬字的清晰性与用词的准确性都应该把握到位。当客户服务代表面对个性、心境、期望值各不相同的个体时，既要进行个性化的表达沟通，又必须掌握许多有共性的表达方式与技巧。

(1) 选择积极的用词与沟通方式以呈现一个积极的态度，沟通用语应当尽量选择体现正面意思的词。

比如，要感谢客户投诉过程中的等候，常用的说法是：“很抱歉让您久等了。”但“抱歉”和“久等”实际上在潜意识中强化了对方“久等”这个看法。比较正面的表达可以是“非常感谢您的耐心等待”。

比如，你想给予客户信心，可以说：“这次比上次的情况好。”即使是客户这次的问题处理起来真的有些麻烦，你也不必说“你的问题确实严重”，换一种说法会更好，如“这种情况有点不同往常”。

(2) 善用“我”代替“你”。

有些专家建议，在下列例子中尽量用“我”代替“你”，因为后者常会使人感到“有根手指”指向自己。

习惯用语：你的名字叫什么？

专业表达：请问，我可以知道你的名字吗？

习惯用语：你必须……

专业表达：我们要为你那样做，这是我们的职责。

习惯用语：你错了，不是那样的！

专业表达：对不起我没说清楚，但我想它的运作方式有些不同。

(3) 在客户面前维护企业的形象。

如果有客户抱怨他在前一个部门所受的待遇，你已经不止一次听到这类抱怨了，为了表示对客户的理解，你应当说什么呢？“你说的不错，这个部门表现很差劲。”可以这样说吗？适当的表达方式是“我完全理解您的苦衷”。如果客户找错了人，不要说“对不起，这事我不管”，换一种方式：“该问题有专人负责，我帮您转过去。”

【知识链接】

客户服务人员的沟通技巧比较

客户：你好，我是陈××，有些问题需要你们处理一下！(语气平和，客户知道他的问题不在保修范围内，只是抱着试一试的心态打这个电话)

客户服务人员一：陈先生，有什么可以帮到您的？(不紧不慢)

客户：我使用你们公司的笔记本电脑已经快一年了，最近我发现显示器的边框裂开了。因为我知道你们电脑是保修三年的，所以，我想看看你们如何解决？

客户服务人员一：您是指显示器边框裂开了？

客户：是的。

客户服务人员一：您有过不良操作吗？

客户：我的电脑根本没有摔过，没有撞过，是它自动裂开的。(语气上已经有些急)

客户服务人员一：不可能。我们的电脑都是经过检测的。

客户：但它确实是自动裂开的，你们怎么能这样对我？(已经在吼了)

客户服务人员一：很对不起，显示器是不在三年保修范围内的，这一点在购买协议上写得很清楚了。

客户：那我的电脑就白裂开了？

客户服务人员一：很抱歉，我不能帮到您。请问还有什么需要帮助的吗？

客户：见鬼去吧。(客户心想，再也不买你们的电脑了)

客户结束了与客户服务人员一的通话后，越想越气，就又打电话给这家公司，这次换了一个客户服务人员接电话。

我们来看看客户服务人员二是如何处理的。

客户：我要投诉！我要投诉！(客户心想我满肚子怨气，我受到了不公平的待遇，我要发泄)

客户服务人员二：您好，发生了什么事情？您快告诉我。(急迫的语气，可以想象他的表情是焦急的)

客户：是这样，我的笔记本电脑使用快一年了，在没碰没撞的情况下，显示屏的边框裂了。我刚才打电话过来，你们的一个同事说没有办法保修，而且态度不好。你们为什么这样对我？(客户大声讲)

客户服务人员二：哎呀，陈先生，显示屏的边框裂了？(显得有些惊讶) 裂到什么程度了，现在能不能用？

客户：裂得倒不是很大，裂缝很小。用还是可以用，只是我得用胶布粘上，以防裂得更大。(态度有些变化)

客户服务人员二：那还好。不过，这对您来讲确实是件不好的事，我可以理解您现在的心情，换成我，我也会不好受。(讲起话来有些沉重，但缓和了很多)

客户：那你说怎么办？

客户服务人员二：陈先生，我知道您的电脑在没有外力碰撞的情况下，边框裂开了。我真的很想帮您，只是在计算机行业中，显示器的类似问题，都不在的各个企业保修范围内。我想这一点您是理解的，对不对？

客户：其实坦率地讲，我并不是真的想让你们保修，我只是希望你们能给我个说法。没想到你们上一个客户服务人员态度这么不好。

客户服务人员二：陈先生，对于您刚才不愉快的遭遇我感到十分抱歉。只是，请您相信我们，我们是站在客户的立场为客户解决问题的。让我想想在目前情况下，如何处理更妥当。对于边框，我倒有个建议。因为边框是塑料的，现在一些强力胶是可以粘的，所以，您可以试试用强力胶粘一下，效果要比用胶布好！

客户：那我回去试试。

客户服务人员二：那您看还有什么问题？以后有什么问题，请您随时打电话给我，我会全力为您服务的。谢谢！再见！(愉快的微笑)

分析提示：语言表达是一门大学问，有些用语虽由公司统一规范，但更多的是客户服务代表对表达技巧的熟练掌握和娴熟运用，让客户在通话的整个过程中，感受到最佳的客户体验，对企业有好的印象。

4.3.4　领会客户的动机与需求

虽然客户服务代表在倾听、记录的同时就进入了沟通的阶段，但是仍然需要进行进一步需求辨认，领会客户的需求和动机。

在整个辨认和领会的过程中，不要忘记有效倾听的重要性。客户服务代表的工作目的是了解客户的需求，倾听和正确解读客户的问题，为下一步工作奠定良好的基础。同时，客户服务代表要体察客户投诉背后的动机，这个答案常常是无法通过直接提问得到的。

在辨认和领会的过程中需要注意以下问题：

(1) 避免不了解客户需求而直接作投诉处理。

(2) 避免一次提一个以上的问题。

(3) 适当沉默。

不要以为你的问题可以挖掘出客户的所有需求和全部动机，懂得适当的沉默，给客户思考和主动说话的机会，比你设计的任何问题都更有价值。

4.3.5　谈判

谈判是整个投诉过程的核心阶段。在这个阶段，要综合运用多种手段，努力按本企业的既定原则解决问题。

1. 前期准备工作

首先，要了解企业处理此类问题的基本原则。你有义务维护企业的利益，当然这种维护是在客户接受的前提下，否则客户流失造成的损失比任何损失都大。

其次，要掌握自己手中可用的“牌”。每个企业有各自的特点，因而你的牌可能会有所不同，但你应当创造尽量多的牌来使自己的战术更加丰富，比如，你可以延长免费售后服务期，无偿更换或补偿某些在客户看来价值较高的附件，增加维护保养等；你也可以赠送一些小礼品，向孩子和女性做情感投资，往往会事半功倍。投诉的处理过程本质上就是情绪的平息过程。在整个谈判过程中，把握节奏十分重要。每一个关键点都要把握好，这就要求要对谈话所处的阶段进行判断。客户的情绪变化会通过他的形体语言表现出来，同时你也要用自己的形体语言引导客户，这要求我们掌握心理学、形体学的知识；对客户的情绪引导也要求使用具有准确、生动、富有感染力的表达方式。总之，这些都要求处理投诉的客户服务代表具有良好的基本素养。

2. 谈判中的注意事项

首先，要向客户表示出诚意和信心，并表明你有足够的权力解决问题。客户最不想听到的一句话是：“对不起，这事我也做不了主，我回去把您的意见反映一下，如果我们领导同意，我们会尽快给您答复；如果领导不同意……”

其次，不要和客户讲公司的各项制度是怎样规定的。客户购买的是公司的产品，与公司构成了平等的法律关系，双方之间只需遵守合同范围内的法律规定，公司的制度对客户没有任何约束意义。与客户谈话的时候，你是以公司负责人的身份出面的，你们之间谈判的依据是法律和道理；如果你提到公司的规章制度，站到了你作为员工的位置上，也就代表不了你的公司，自然就没有权力与客户平等谈话。现在消费的趋势是一站式购买，因而客户也不会乐意就一个问题而与你们多次交涉。

最后要注意：在谈判当中，应先小人后君子。虽然我们一再强调与客户在交流中应保持良好的沟通氛围，但是绝不是说要一味地退让，全盘接受客户的方案。毕竟这是一种谈判，而所有的谈判都是协调解决分歧的过程。有人说企业应奉行“客户总是对的”的经营原则，其实这是不现实的，它会将服务工作引入一个误区。每一个客户的要求都是不同的，如果其要求都是对的，企业将无所适从，处处自相矛盾，从而失去原则。

谈判过程中既要维护自己的立场，又要保证双方是在一种理性的氛围下交流的。谈判结果最好能达成比你的既定目标略高一点的方案，这样你在后面的处理过程中才能游刃有余。

4.3.6 落实方案

谈判方案达成后，落实工作一定要及时到位。越早处理，客户的满意程度就越高。如果一直不付诸行动，客户不仅会对公司的工作效率产生怀疑，也会加重其不满情绪。如果你在前面的谈判中成功地实现了既定目标，那么在这个时候你可以故作慷慨地多送给客户一些东西，客户会因为得到了意外惊喜而更加满意。

4.3.7 跟踪结果

问题解决后的一定时间内打电话对客户进行回访，了解问题产品的使用情况，这也是一个以巧取胜的措施。不要小看这个电话的作用，客户对企业的信任会因此成倍增长，从而产生再次购买或人际传播的意愿。

总之，我们要意识到：客户抱怨和投诉不是在找茬，而是给了我们一次提高和改善工作方法和服务的机会。客户如果不投诉、不抱怨，有 90%的客户可能已经转投其它企业的产品或服务了，这是个危险的信号，当到了这一步时，你的企业离“歇业”也就不远了。我们应把客户投诉的处理看成是加深与客户间关系的难得机会，遇到问题后得到圆满解决的客户要比合同执行中一帆风顺的客户的忠诚度高得多。客户信任是最宝贵的资源，赢得了客户信任将大大提高企业的竞争力。

4.4 客户投诉处理技巧

在处理客户投诉的过程中，只有遵循一定的技巧(包括采用的态度和处理方式)，才能圆满地解决投诉事宜。

1. 认真倾听，弄清原委

保持谦虚的态度认真听取客户的叙述，全面了解客户所投诉的事情或问题，听明白客户在投诉什么，为什么要投诉。要注视客户，不时地点头示意，让对方明白你在认真听取他的意见。边听边做好记录，以示对客户的尊重和对所反映问题的重视。

2. 表示理解，不与(客户)争辩

倾听完毕，可以对客户说："我理解您现在的心情，我们一定会认真核实并处理这件事情。"当客户情绪激动时，更要保持平和的心态和语气，绝不能与客户争辩对错。当客户的认识和理解有误时，不宜当场纠正，更不能责怪客户，应考虑什么导致客户产生误会，从自身工作中找原因。

3. 诚心致谢，勇于认错

从思想上认识到客户向你投诉不是找你的麻烦，而是对你信任的表现。要把客户的投诉当作促进个人提高业务素质、企业提高服务和管理水平的一种载体，发自内心地欢迎和感谢客户的批评和抱怨。受理投诉后，应向客户表示："这确实是我们工作的疏忽给您带来的损失，我们一定会想办法弥补。非常感谢您给我们提出的宝贵意见，您指出了我们服务中的差错和不足，帮助我们及时发现并纠正。"

4. 区分对待，及时处理

对客户所投诉的事情进行核实后，就要及时采取行动，纠正错误，弥补客户的损失。对于阔绰大方只求尊重的客户，要夸奖他看问题、提意见的思想深度和独到见解，给足客户面子。对于经济上斤斤计较、寻求补偿的客户，要在公司营销政策允许的范围内适当让步，使其心理平衡。要让客户知道并同意你的处理决定及具体措施，可以用征求意见的口气说："如果我这样做，您看您是否满意？"如果客户仍不满意，那就将意见反馈给上司，尽量给上司留有处理的余地。不要超越职权范围随意表态或承诺，当场不能解决的，要在得出纠正措施后的第一时间向客户反馈，并征求客户意见，力求得到客户的认可。

5. 反思工作，改进服务

在投诉受理完毕后，要把投诉处理事由和结果作为案例，完整地整理归档，对投诉时间、地点、当事人、投诉的原因和处理结果做详细的记录。典型的案例，要在工作例会了上提出，共同寻找管理和服务的漏洞，从中吸取教训，改进服务，避免类似事件的再次发生，使营销管理和客户关系管理日臻完善。

6. 学会以积极的方式来拒绝客户

有时客户提出的要求是客户服务代表无法做到的，此时，应以一种积极的方式来表示拒绝。

(1) 向客户说明原因，获得客户的谅解。如果是因公司政策不允许，仅仅说明"公司政策是这样规定的"还不够，最好还能说明公司政策之所以这样规定的原因。

(2) 对客户表示理解。

(3) 尽量多地满足客户的其他要求。

(4) 提供其他的选择。

思考与练习

1. 综合运用所学的知识，以小组形式进行客户投诉和客户代表处理投诉的模拟。

2. 利用角色扮演方式解答：“当客户因使用公司的产品身体不适(腹泻)而投诉时，客户服务人员应该怎么办？”

3. 对于以下客户抱怨，如果你是客户服务人员，你会如何处理？

(1) “八宝粥中发现有小虫等异物。”

(2) “咦，这八宝粥怎么发酸？”

(3) “饮料(红茶)出现浑浊等变质状况。”

项目5　客户满意度与客户忠诚度

【学习目标】

(1) 了解客户满意度的概念；
(2) 把握影响客户满意度的因素；
(3) 运用所学理论知识指导“提高客户满意度”的相关认知活动；
(4) 学习和把握客户满意度测评的指标、内容、方法及策略；
(5) 运用所学的实务知识规范“提高客户满意度”的相关技能活动；
(6) 了解客户忠诚度的内涵和意义；
(7) 熟悉客户忠诚度的衡量指标；
(8) 掌握建立和提高客户满意度的方法，并准确衡量客户忠诚度；
(9) 掌握提高客户忠诚度的方法。

5.1　对客户满意及客户满意度的认识

5.1.1　客户满意

客户满意是20世纪80年代中后期出现的一种经营理念，其基本内容是：企业的整个经营活动要以客户满意度为指标，要从客户的角度出发，从客户的观点而不是企业自身的利益和观点出发来分析客户的需求，尽可能全面尊重和维护客户的利益。

客户满意(Customer Satisfaction，CS)是人的一种感觉水平，它来源于对一件产品所设想的绩效或产出与人们的期望所进行的比较。

Otiver和Linda(1981)认为客户满意是“一种心理状态，是根据消费经验所形成的期望与消费经历一致时而产生的一种情感状态”。

Tse和Witon(1988)认为客户满意是“客户在购买行为发生前对产品所形成的期望质量与消费后所感知的质量之间所存在差异的评价”。

Westbrook和ReiIly(1983)认为客户满意“是一种情感反应。这种情感反应是伴随或在购买过程中由产品陈列以及整体购物环境对消费者的心理影响而产生的”。

Philop Kotler将客户满意定义为“一个人通过对一种产品的可感知效果(或结果)与他或她的期望值相比较后所形成的愉悦或失望的感觉状态”。

Henry Assael认为“当商品的实际消费效果达到消费者的期望时，就会导致客户满意，否则会导致客户不满意”。

从上面的定义可以看出，满意水平是可感知效果和期望值之间的差异函数。如果可感知效果低于期望，客户就会不满意；如果可感知效果与期望相匹配，客户就会满意；如果可感知效果超过期望，客户就会高度满意、高兴或欣喜。

5.1.2 客户满意度

客户满意度(Customer Satisfaction Degree, CSD)是客户消费后对消费对象和消费过程的一种个性、主观的情感反映，是客户满意水平的量化指标，是从客户对产品或服务质量评价中抽取的潜在变量，是对传统的、具有物理意义的产品或服务质量评价标准的突破，是人们对质量认识的飞跃，使不同的产品或服务之间具有了质量上的可比性。

随着社会经济的发展和经济环境的变化，客户满意度作为一种经营理念早已深入人心，评价客户满意与否及满意程度的问题受到社会、企业和消费者的普遍关注。作为企业，在为客户提供服务的同时，也应不断地去了解客户对于服务的期望值是什么，而后根据自己对于客户期望值的理解去为客户提供服务。然而，在现实中企业对于客户期望值的理解和所提供的服务，与客户自己对于服务的期望值存在着某种差距，这些差异大致有以下五种：

(1) 客户期望值与企业对客户期望值的认知之间的差距；

(2) 企业对客户期望值的认知与企业服务质量标准之间的差距；

(3) 企业服务质量标准与企业实际服务质量之间的差距；

(4) 企业实际服务质量与企业服务承诺之间的差距；

(5) 客户的服务感受与客户的期望值之间的差距，而这种差距的大小是可以衡量的，这就是客户满意度。

5.2 衡量客户满意度的指标

1. 美誉度

美誉度是客户对企业或品牌的褒扬程度，借助美誉度，可以知道客户对企业或品牌所提供的产品或服务的满意状况。

一般来说，持褒扬态度、愿意向他人推荐企业及其产品或服务的客户，肯定对企业提供的产品或服务是满意或者非常满意的。

2. 指名度

指名度是客户指名消费或购买某企业或某品牌的产品或服务的程度。

如果客户在消费或购买过程中放弃其他选择而指名购买、非此不买，则表明客户对这种品牌的产品或服务是非常满意的。

3. 回头率

回头率是客户消费了某企业或某品牌的产品或服务后，愿意再次消费的频率。

回头率是衡量客户满意度的主要指标。如果客户不再购买该企业或该品牌的产品或服务而改购其他品牌的产品或服务，无疑表明客户对该企业或该品牌的产品或服务是不满意的。在一定时期内，客户对产品或服务的重复购买次数越多，说明客户的满意度越高，反之则越低。

4. 投诉率

客户投诉是不满意的具体表现，投诉率是指客户在购买或消费了某企业或某品牌的产品或服务之后投诉的比例，客户投诉率越高，表明客户越不满意。

投诉率不仅包括客户直接表现出来的显性投诉，还包括存在于客户心底未予倾诉的隐性投诉。研究表明，客户每四次购买中会有一次不满意，而只有5%的不满意客户会投诉，另外不投诉的95%的客户只会默默地转向其他企业。所以，不能单纯以显性投诉来衡量客户的满意度，企业要全面了解投诉率还必须主动、直接征询客户，发现可能存在的隐性投诉。

客户对某企业或某品牌的产品或服务的事故承受能力，也可以反映客户的满意度。当产品或服务出现事故时，客户如果能表现出宽容的态度(既不投诉，也不流失)，则表明这个客户至少对该企业或该品牌是满意的。

5. 购买额

购买额是指客户购买某企业或某品牌的产品或服务的金额多少。

一般而言，客户对某企业或某品牌的购买额越大，表明客户对该企业或该品牌的满意度越高，反之，则表明客户的满意度越低。

6. 对价格的敏感程度

客户对某企业或某品牌的产品或服务的价格敏感度或承受能力，也可以反映客户的满意度。

当某企业或某品牌的产品或服务的价格上调时，客户如果表现出很强的承受能力，则表明客户对该企业或该品牌至少是满意的；相反，如果客户出现转移与叛离，则说明这个客户对该企业或该品牌的满意度是不够高的。

客户满意度是一种很难测量的、暂时的、不稳定的心理状态，企业应经常性地测试客户的满意程度。例如，经常性地在现有客户中随机抽取样本，向其发放问卷或打电话，向客户询问：对企业的产品或服务是否满意？如果满意，达到了什么程度？满意哪些方面？如果不满意，不满意哪些方面？对改进产品或服务有什么建议？

客户的满意度普遍较高，说明企业与客户的关系处于良性发展状态，企业为客户提供的产品或服务是受欢迎的，企业可再接再厉；反之，企业则需下大力气来改进产品或服务。

5.3　影响客户满意的因素及提升客户满意的策略

5.3.1　影响客户满意的因素

1. 客户期望

客户期望是客户在购买、消费产品或服务之前对产品或服务的价值、品质、价格、等待时长等方面的主观认识或预期。

1) 客户期望对客户满意的影响

为什么接受同一产品或者服务，有的人感到满意，而有的人感到不满意呢？因为他们的期望值不一样。

为什么接受不同的产品和服务，好的不能让他满意，而不够好的却能够使他满意呢？因为好的产品或者服务比他的期望要低，而不够好的产品和服务却比他期望的要高。

从时间上讲，客户对自己等待时长满意与否，取决于客户对等待时长的期望值和实际的等待时长。

假设 A、B、C 三位客户同时进入一家餐厅消费，A、B、C 三位客户对餐厅的期望分别是 a、b、c，并且 $a > b > c$，餐厅为他们提供的服务都是 b。消费后，A 客户对餐厅感觉不满意，因为 A 客户在消费前对餐厅抱有很大的期望，其期望值为 a，但是他实际感受到的餐厅服务只是 b，而 $a > b$，即餐厅所提供的产品和服务没有达到 A 客户的期望值，使 A 客户产生失落感，所以 A 客户对餐厅是不满意的。B 客户在消费前的期望值为 b，而他实际感受到的餐厅服务刚好达到了他心中的期望值 b，所以 B 客户对餐厅是满意的。C 客户在消费前的期望值为 c，而在消费过程中，餐厅服务达到了 b，而 $b > c$，即餐厅所提供的产品和服务不但达到而且超过了 C 客户的期望值，从而使 C 客户产生“物超所值”的感觉，所以 C 客户对餐厅是非常满意的。

这个例子说明客户期望对客户满意是有重要影响的，也就是说，如果企业提供产品或者服务达到或者超过客户期望，客户就会感到满意或很满意。如果达不到期望，客户就会不满意。

2) 影响客户期望的因素

(1) 客户以往的消费经历。

客户在购买某种产品或服务之前往往会结合他以往的消费经历，对即将要购买的产品或服务产生一个心理期望值。例如，客户过去吃一份快餐要 10 元，那么他下次再去吃快餐可以接受的价格，即对快餐的价格期望值也是 10 元；如果过去吃一份快餐只要 5 元，那么他对快餐的价格期望值就是 5 元。

客户以往的消费经历会影响他下次购买的期望，而对于初次消费的客户来说，由于没有消费经历和经验，他们对产品或服务的期望主要来源于他人的介绍和企业的宣传等。

(2) 客户的价值观、需求、习惯、消费阶段。

不同的客户由于身世、身份及消费能力等差异会产生不同的价值观、需求、习惯以及偏好(与世无争还是斤斤计较)，不同的客户(CEO、白领还是学生)对同样的产品或者服务会产生不同的期望。

同一个客户在不同的阶段也会产生不同的期望。例如，上一次消费时客户对产品或者服务提出意见或建议，那么下一次他对该产品或者服务的期望就较高。如果他提出意见或者建议没有改进，就会令他不满意。

(3) 他人的介绍。

人们的消费决定总是很容易受到他人尤其是亲戚朋友的影响，特别是在从众心理普遍存在的环境中。如果客户身边的人极力赞扬，说企业的好话，就容易让客户对该企业的产品或服务产生较高的期望；相反，如果客户身边的人对企业进行负面宣传，则会使客户对该企业的产品或服务产生较低的期望。

(4) 企业的宣传。

企业的宣传主要包括广告、产品外包装上的说明、员工的介绍和讲解等，根据这些，客户会对企业的产品或服务在心中产生一个期望值。例如，药品的广告宣称服用七天见效，那么药品的服用者也就期望七天见效。

肆意夸大宣传自己的产品或服务，会让客户产生过高的期望值，而客观的宣传，会使客户有比较理性的期望。

2. 客户感知价值

客户感知是客户在购买或消费过程中，企业提供的产品或服务给客户的感觉。客户感知价值实际上就是客户的让渡价值，即客户购买产品或服务所获得的总价值与客户为购买该产品或服务所付出的总成本之间的差额。

1) 客户感知价值对客户满意的影响

假设A、B、C三家企业同时向一位客户供货，客户对A、B、C三家企业的期望值都是b，A、B、C三家企业给客户的感知价值分别是a、b、c，并且a > b > c。购买后，客户对C企业感觉不满意，因为客户对C企业的期望值是b，但是C企业给他的实际感知价值是c，而b > c，即C企业所提供的产品或服务没有达到客户的期望值，因此使客户产生不满。客户在购买前对B企业的期望值也为b，而客户实际对B企业的产品或服务的感知价值刚好是b，即B企业所提供的产品或服务刚好达到了客户的期望，所以客户对B企业是满意的。客户在购买前对A企业的期望值也为b，而客户实际对A企业的产品或服务的感知价值是a，而a > b，即企业给客户提供的感知价值不但达到而且超过了客户的期望值，从而客户对A企业非常满意。

2) 影响客户感知价值的因素

影响客户感知价值的因素有客户总价值和客户总成本两大方面。一方面是客户从消费产品或服务中所获得的总价值，包括产品价值、服务价值、人员价值、形象价值等；另一方面是客户在消费产品或服务中需要耗费的总成本，包括货币成本、时间成本、精神成本、体力成本等。也就是说，客户感知价值受到产品价值、服务价值、人员价值、形象价值、货币成本、时间成本、精神成本和体力成本八个因素的影响。

(1) 产品价值。

产品价值是由产品的质量、功能、特性、品种、品牌与式样等所产生的价值，它是客户需要的重要内容，也是客户选购产品的首要因素。

一般情况下，产品价值是决定客户感知价值大小的关键因素。产品价值高，客户感知价值就高；产品价值低，客户感知价值就低。

(2) 服务价值。

服务价值是指伴随产品实体的出售，企业向客户提供的各种附加服务，包括售前、售中、售后的产品介绍，送货、安装、调试、维修等技术培训，产品保证，服务设施，服务环境以及服务的可靠性和及时性等因素所产生的价值。

服务价值是构成客户总价值的重要因素之一，对客户的感知价值影响也较大。服务价值高，客户感知价值就高；服务价值低，客户感知价值就低。

虽然再好的服务也不能使劣质的产品成为优等品，但优质产品会因劣质服务而失去客户。例如：企业的服务意识淡薄，员工傲慢，服务效率低，对客户草率、冷漠、不友好、不耐心，客户的问题不能得到及时解决，咨询无人理睬，投诉没人处理……这些都会导致客户感知价值降低。

优异的服务是提升客户感知价值的基本要素，是提高产品价值不可缺少的部分，出色的售前、售中、售后服务对于增加客户总价值和减少客户的时间成本、精神成本、体力成本等具有极其重要的作用。企业只有不断提高服务质量，才能使客户感知价值增大。

(3) 人员价值。

人员价值是指企业领导者及其全体员工的经营思想、工作作风、业务能力、应变能力等所产生的价值。例如，一个综合素质较高的工作人员会比综合素质较低的工作人员为客户创造的感知价值更高。

此外，工作人员是否愿意帮助客户、理解客户，以及工作人员的敬业精神、响应时长和沟通能力等因素也会影响客户的感知价值。例如，热情的乘务人员给乘客带来温暖、尊重、体贴和愉悦，而冷漠的乘务人员则会给乘客带来不安全感、不舒服感。

(4) 形象价值。

形象价值是指企业及其产品在社会公众中形成的总体形象所产生的价值，它在很大程度上是产品价值、服务价值和人员价值三个方面综合作用的反映或结果。

企业经营过程中如果存在不合法、不道德、不安全、不健康和违背社会规范的行为，企业形象价值就很低，即使企业的产品或服务很好，客户对它的印象也会大打折扣，客户感知价值就会很低；相反，如果企业的形象价值高，将有利于提升客户感知价值。

如果客户心目中的企业形象较好，客户就会谅解企业的个别失误；而如果企业原有的形象不佳，那么任何细微的失误也会造成很坏的影响。因此，企业形象被称为客户感知的“过滤器”。

(5) 货币成本。

货币成本是客户在购买、消费产品或服务时必须支付的金额，是构成客户总成本的主要因素，是影响客户感知的重要因素。

客户在购买产品或服务时，总是希望以较小的货币成本获取更大的实际利益，以保证自己在较低的支出水平上获得最大的满足。

在产品或服务不变的情况下，低价格永远是具有吸引力的。因此，如果客户能够以较低的货币成本买到较好的产品或服务，那么客户感知价值就高；反之，客户感知价值就低。

(6) 时间成本。

时间成本是客户在购买、消费产品或服务时必须花费的时间，它包括客户等待服务的时间、等待交易的时间以及等待预约的时间等。

激烈的市场竞争使人们更清楚地认识到时间的宝贵，对于一些客户来说，时间可能与质量同样重要。在相同情况下，如果客户所花费的时间越少，客户购买的总成本越低，客户感知价值就越高。

因此，企业必须努力提高效率，在保证产品和服务质量的前提下，尽可能减少客户时间的支出，从而降低客户的购买成本，提高客户感知价值。如今，对客户反应时间的长短已经成为影响有些行业(如快餐业、快递业和报业)成功的关键因素。

(7) 精神成本。

精神成本是客户在购买产品或服务时必须耗费精神的多少。

在相同情况下，精神成本越少，客户总成本就越低，客户感知价值就越高；相反，精神成本越多，客户总成本就越高，客户感知价值就越低。

一般来说，客户在一个不确定的情况下购买产品或服务，可能存在一定的风险，常见的有以下几种：

① 预期风险，即当客户的期望与现实不相符时，就会有失落感，产生不满。

② 心理风险，例如客户担心购买价格低的产品会被取笑，而购买价格高的产品又会被指责显摆。

③ 财务风险，即购买的产品是否物有所值、保养维修的费用是否太高、将来是否贬值等。

④ 人身安全风险，指某些产品的使用可能带来一定风险，如驾驶汽车、摩托车可能造成交通事故等。

上述可能存在的风险，都会导致客户精神压力增加，如果企业不能降低客户的精神成本，就会降低客户的感知价值。

根据日本知名企业管理顾问角田识之的研究，一般交易活动中买卖双方的情绪热度呈现出两条迥然不同的曲线：卖方从接触买方开始，其热忱便不断升温，到签约时达到巅峰，等收款后便急剧降温、一路下滑；买方的情绪从签约开始逐渐上升，但总是在需要卖方服务的时候，却发现求助无门——这往往是买方产生不满的根源。

如果买方始终担心购买后，卖方的售后服务态度会一落千丈，就会犹豫是否要购买或者是否要承担精神压力去购买，这就会降低客户的感知价值。

(8) 体力成本。

体力成本是客户在购买、消费产品或服务时必须耗费体力的多少。在相同情况下，体力成本越少，客户总成本就越低，从而客户感知价值就越高。

在紧张的生活节奏与激烈的市场竞争中，客户对购买产品或服务的方便性要求也在提高，不过，客户在购买过程的各个阶段均需付出一定的体力。如果企业能够通过多种渠道减少客户为购买产品或服务而花费的体力，便可降低客户购买的总成本，进而提升客户感知价值。

5.3.2　提升客户满意的策略

从上文影响客户满意的因素考虑，要实现客户满意，必须从两方面着手：一是把握客户期望；二是提高客户感知价值。

1. 把握客户期望

如果客户期望过高，一旦企业提供给客户的产品或服务的感知价值没有达到客户期望，客户就会感到失望，导致客户的不满。但是，如果客户期望过低，可能就没有兴趣来购买或消费企业的产品或服务。因此，客户期望过高、过低都不行。

企业要提高客户满意度，就必须采取相应措施影响客户消费前对企业的期望，让客户对企业有一个合理的期望值，这样既可以吸引客户，又不至于让客户因为期望落空而失望，产生不满。

2. 提高客户感知价值

提高客户感知价值可以从两个方面来考虑：一方面，增加客户的总价值，包括产品价值、服务价值、人员价值和形象价值；另一方面，降低客户的总成本，包括货币成本、时间成本、精神成本和体力成本。

1) 提升产品价值

(1) 不断创新。

任何产品和服务都有生命周期，随着市场的成熟，原有的产品和服务带给客户的利益空间越来越小，因此，企业要顺应客户的需求趋势，不断地根据客户的意见和建议，站在客户的立场上去研究和设计产品，并利用高新科技成果不断创新，不断地开发出客户真正需要的产品，这样就能够不断提高客户感知价值，从而提高客户的满意度。

通过科技开发提高产品的科技含量，不仅可以更好地满足客户的需要，而且可以构筑壁垒阻碍竞争者进入，有效地降低竞争对手的攻势。

(2) 为客户提供定制的产品或服务。

这是指根据每个客户的不同需求来制造产品或提供服务，其优越性是通过提供特色的产品或超值的服务来满足客户需求，提高客户感知价值，从而提高客户的满意度。

(3) 树立“质量是企业生命线”的意识。

产品质量是提高客户感知价值和客户满意度的基础，高质量的产品本身就是出色的推销员和维系客户的有效手段。企业如果不能保证产品的质量，或是产品的质量随时间的推移有所下降，那么即便客户曾经对产品或服务满意，也会逐渐不满。

(4) 塑造品牌。

品牌的塑造可以提升产品的价值，可以帮助客户节省时间成本、精神成本和体力成本，还可以提高客户感知价值，进而提高客户的满意水平。

品牌还是客户身份的标志，许多客户已经逐渐由产品消费转为品牌消费，这就要求企业在打造产品质量的同时，还要努力提高品牌的知名度和美誉度，树立良好的品牌形象。

2) 提升服务价值

随着购买力水平的提高，客户对服务的要求也越来越高，服务的质量对购买决策的影响越来越大。这就要求企业站在客户的角度，在服务内容、服务质量、服务水平、物流配送等方面提高档次，提供全过程、全方位的服务，从而提升客户感知价值，进而提高客户的满意度。

如果客户想到的企业都能满足，客户没想到的企业也能提供，这必然使客户感到企业对待客户的周到和用心，从而会对企业产生满意。

产品售前、售中、售后的服务也是提升客户感知价值的重要环节。售前及时向客户提供充分的关于产品性能、质量、价格、使用方法和效果方面的信息；售中提供准确的介绍和咨询服务；售后重视信息反馈和追踪调查，及时处理和答复客户的意见，对有问题的产品主动退换，对故障迅速采取措施排除或提供维修服务。

3) 提升人员价值

提升人员价值包括提高领导者及全体员工的经营思想、工作效益与作风、业务能力、应变能力以及服务态度等，从而提高客户感知价值及客户满意度。例如，法国的化妆业巨子伊夫·罗歇(Yves Rocher)，每年向客户投寄8000万封信件，信件内容十分中肯，而且还编写《美容大全》，提醒大家有节制的生活比化妆更重要，因此他得到广大客户尤其是妇女的信赖，成为女士心中的美容导师，从而提升了客户感知价值和满意度。

优秀的员工在客户中享有很高的声望，能吸引众多客户，对于提高企业的知名度和美誉度具有重要意义。例如，北京王府井百货大楼优秀营业员张秉贵以“一团火”的精神热心为客户服务，创立了闻名全国的“张秉贵品牌”。

企业可以通过培训和加强管理制度建设来提高员工的业务知识和专业技术水平，提高员工为客户服务的娴熟程度和准确性，从而提高客户的感知水平，进而提高客户的满意度。同时，提高员工满意度也是提升人员价值，进而提升客户感知价值和客户满意度的手段。因为员工满意度的提高会促使员工提供给客户的产品或服务质量的提高。

4) 提升形象价值

好的企业形象会对企业形成有利的社会舆论，为企业的经营发展创造一个良好的氛围，也提升了客户感知价值，从而提高对企业的满意度，因此企业应高度重视自身形象的塑造。

企业形象的提升可通过形象广告、新闻宣传、庆典活动、展览活动、公益广告、赞助活动等方式来进行。

5) 降低货币成本

仅有高质量的产品仍然不够，还要制定合理的产品价格。企业定价应依据市场形势、竞争程度和客户的接受能力来考虑，尽可能按客户的“预期价格”定价并千方百计地降低客户的货币成本，坚决摒弃追求暴利的短期行为，这样才能提升客户感知价值，提高客户满意度。

作为“世界500强”的领袖企业沃尔玛提出“帮客户节省每一分钱”的宗旨，提出了“天天平价、始终如一”的口号，并努力实现价格比其他商号更便宜的承诺，这无疑是使沃尔玛成为零售终端之王的根本原因。

企业要站在客户的立场上，只有先为客户省钱，才有机会赚钱。例如，春兰(集团)公司充分考虑到中间商的利益，尽量给中间商更多实惠，有时给中间商让利幅度高达30%，年末还给予奖励，从而降低了中间商的货币成本，提升了中间商对春兰公司的客户感知价值和满意度。

此外，企业还可以推出俱乐部制和会员制，使客户享受到多种价格优惠和价格折扣，从而降低客户的货币成本，提升客户感知价值和满意度。降低客户的货币成本不仅仅体现在价格上，还体现在提供灵活的付款方式和资金融通方式等方面。当客户规模较小或出现暂时财务困难时，企业可以向其提供延期付款、赊购等信贷援助。

6) 降低时间成本

降低时间成本是指在保证产品与服务质量的前提下，尽可能减少客户的时间支出，从而降低客户购买的总成本，提高客户感知价值和满意度。例如，世界著名的花王公司在销售其产品的商场中安装摄像头，统计每位客户在决定购买花王产品时所用的时间。同时，花王公司根据对视频中影响客户购买时间因素的分析，对产品的包装和说明进行了改进，对产品摆设进行重新布置，调整产品品种的搭配，让客户可以在最短时间内完成消费行为。据“花王公司”1999 年的统计，经过产品摆设的重新布置和品种调整后，客户决定购买花王洗发水所用的平均时间为 47 秒，而在 1984 年，客户的平均购买时间为 83 秒。

7) 降低精神成本

降低客户的精神成本最常见的做法是作出承诺与保证。

对安全性、可靠性要求越高的购买或消费，作出承诺就显得越重要。例如，美容业作出“美容承诺”，并在律师的确认下，与客户签订美容服务责任书，以确保美容服务的安全性、无后遗症等。

为了降低客户的精神成本，企业为客户购买保险，例如，航空公司、旅行社、运输公司等为旅客或乘客购买人身以外等保险，目的就是减少客户的购买风险，从而降低客户的精神成本。

企业提供细致周到、温暖的服务也可以降低客户的精神成本。例如，企业的工作人员在为客户维修、安装时，自己带上拖鞋和毛巾，安装好后帮客户把房间打扫干净，把对客户的打扰降到最低限度。这些细节都充分体现了企业对客户的关怀、体贴和尊重，从而降低了客户的精神成本，给客户留下好的印象。

8) 降低体力成本

如果企业能够通过多种销售渠道接近潜在客户，并且提供相关服务，就可以减少客户为购买产品或服务所花费的体力成本，从而降低客户购买的总成本，提高客户感知价值和满意度。例如，对于装卸和搬运不太方便、安装比较复杂的产品，如果企业能为客户提供良好的售后服务，如送货上门、安装调试、定期维修、供应零配件等，就会减少客户为此所耗费的体力成本，从而提高客户感知价值和满意度。

5.4 对客户忠诚的认识

5.4.1 客户忠诚的定义

1. 客户忠诚营销理论

客户忠诚(Customer Loyal，CL)营销理论是在流行于 20 世纪 70 年代的企业形象设计(Corporate Identity，CI)理论和 80 年代的客户满意(Customer Satisfaction，CS)理论的基础上发展而来的。其主要内容可表述为：企业应以满足客户的需求和期望为目标，有效地消除和预防客户的抱怨和投诉，不断提高客户满意度，提高客户的忠诚度，在企业与客户之间建立起一种相互信任、相互依赖的“质量价值链”。

2. 客户忠诚

有学者从研究角度出发，把客户忠诚细分为行为忠诚、意识忠诚和情感忠诚，但是，对企业来说他们最关心的是客户行为忠诚，如果客户只有意识忠诚或者情感忠诚却没有实际的行为，对于企业来说就没有直接意义。

客户忠诚是指客户对企业的产品或服务的依恋或爱慕的感情，它主要通过客户的情感忠诚、行为忠诚和意识忠诚表现出来。其中情感忠诚表现为客户对企业的理念、行为和视觉形象的高度认同和满意；行为忠诚表现为客户再次消费时对企业产品和服务的重复购买行为；意识忠诚则表现为客户作出的对企业产品和服务的未来消费意向。这种由情感、行为和意识三个方面组成的客户忠诚营销理论着重于对客户行为趋向的评价，企业通过这种评价活动的开展来衡量企业在未来经营活动中的竞争优势。

3. 客户忠诚度

客户忠诚度，又可称为客户黏度，是指客户对某一特定产品或服务产生了好感、形成了“依附性”偏好，进而重复购买的一种趋向，是忠心的一种表现形式。简单的说就是客户对其产品或是服务的回头率的高低。

总的来说，客户忠诚度是一种心理活动，是客户对某种需求或是欲望的认定，表现出对一种产品或是服务的认同，即使其本质发生了变化也一再认为它是好的、是对的，不会产生任何的怀疑态度。某种程度上是一种病态的表现，有时候忠诚的表现会很强烈，甚至会与自己看法不一样的人产生敌对的态度。

5.4.2 客户满意与客户忠诚之间的关系

激烈的市场竞争使得许多产品或服务在品质方面的区别越来越小。这种产品同质化现象使产品的品质不再是客户消费选择的主要标准，客户越来越看重厂商能否满足其个性化的需求，能否为其提供高质量与及时的服务，这样对客户满意与客户忠诚进行研究的工作便越来越重要了。

客户满意(也称客户满意度，简称满意度)与客户忠诚(也称客户忠诚度，简称忠诚度)是一对相互关联的概念，但这两个概念有着明显的不同。实际上，客户满意是客户需求被满足后的愉悦感，是一种心理活动。客户满意与态度相关联，争取客户满意的目的是尝试改变客户对产品或服务的态度；而客户忠诚所表现出来的是购买行为，并且是有目的性的、经过思考而决定的购买行为。衡量客户忠诚度主要从两个方面进行，即客户的保持度和客户的占有率。忠诚的客户群体是一个相对稳定的动态平衡，从来没有永远的忠诚，企业无法买到客户的忠诚，只能增加客户的忠诚。

(1) 客户满意不等于客户忠诚。

客户忠诚是从客户满意概念中引出的概念，是指客户满意后而产生的对某种产品品牌或公司的信赖、维护和希望重复购买的一种心理倾向。客户忠诚实际上是一种客户行为的持续性，客户忠诚度是指客户忠诚于企业的程度。客户忠诚表现为两种形式，一种是客户忠诚于企业的意愿；一种是客户忠诚于企业的行为。而一般的企业往往容易将这两种形式混淆起来，其实这两者具有本质的区别，对于企业来说，前者本身并不产生直接的价值，而后者却非常具有价值，道理很简单，客户只有意愿却没有行动，对于企业来说没有意义。企业要做的一是推动客户从“意愿”向“行为”的转化程度，二是通过交叉销售和追加销售等途径进一步提高客户与企业的交易频率。

(2) 客户忠诚是客户满意的提升。

客户忠诚是客户满意的升华。客户满意是一种心理程度的满足，是客户消费之后所表现出的态度；客户忠诚出自客户满意的概念，客户忠诚可以促进客户重复购买的发生，是一种后续的、持续的交易行为。对于大多数企业来说，客户的忠诚才是更重要的，是企业更需要关注的，而客户的满意并非客户关系管理的根本目的。

(3) 客户忠诚比客户满意更有价值。

很多时候许多企业并没有深刻理解客户满意与客户忠诚内涵的差异，将两者混淆使用，使得企业的客户关系管理步入了某些误区。我们如今所面临的现实情况是，在竞争日趋激烈、以客户为导向的市场环境中，越来越多的公司持续追求客户满意度的提升，但是大多数时候很多企业的追求成效并不尽人意。并且，他们发现企业如果仅仅只是追求客户满意度，在某种程度上往往并不能解决最终问题，因为大多数时候，尽管企业的客户满意程度提高了，但企业的获利能力并没有立即获得改善，企业利润并没有得到增加。究其原因，关键就是企业没有使得客户对企业的满意上升到对企业的忠诚，满意的客户并不一定能保证他们始终会对企业忠诚，满意的客户也并不一定会因此产生重复购买行为而给企业带来价值。

客户满意度不等于客户忠诚度，客户满意度是一种心理的满足，是客户在消费后所表露出的态度；而客户忠诚是一种持续交易的行为，是为了促进客户重复购买的发生。衡量客户忠诚的主要指标是客户保持度(Customer Retention)，即描述企业和客户关系维系时间长度的量；客户占有率(Customer Share)，即客户将预算花费在该公司的比率。有资料表明，仅仅有客户的满意还不够，当出现更好的产品供应商时，大客户可能会更换供应商。

满意度衡量的是客户的期望和感受，而忠诚度反映客户未来的购买行动和购买承诺。客户满意度调查反映了客户对过去购买经历的意见和想法，只能反映过去的行为，不能作为未来行为的可靠预测。客户忠诚度调查却可以预测客户最想买什么产品，什么时候买，这些购买可以产生多少销售收入。

客户满意度和他们的实际购买行为之间不一定有直接的联系，满意的客户不一定能保证他们始终会对企业忠诚，产生重复购买的行为。在一本有关“客户忠诚”的畅销书《客户满意一钱不值，客户忠诚至尊无价》中，作者辩论到：“客户满意一钱不值，因为满意的客户仍然购买其他企业的产品，对交易过程的每个环节都十分满意的客户也会因为一个更低的价格更换供应商；而有时尽管客户对你的产品和服务不是绝对的满意，你却能一直锁定这个客户。”例如，许多用户对微软的产品有各种各样的意见和不满，但是如果改换使用其他产品要付出很大的成本，他们仍会始终坚持使用微软的产品。最近的一个调查发现，大约25%的手机用户为了保留他们的电话号码，会容忍当前签约供应商的不完善的服务而不会转签别的电信供应商，但如果有一天他们在转约的同时可以保留原来的号码，相信他们一定会马上换掉手机号码。

不可否认，客户满意度是导致重复购买最重要的因素，当满意度达到某一高度时会引起忠诚度的大幅提高。客户忠诚度的获得必须有一个最低的客户满意水平，在这个满意水平线以下，忠诚度将明显下降。但是，客户满意度绝对不是客户忠诚的重要条件。

5.5　客户忠诚的类型

客户忠诚可以划分为以下七种不同的类型，其中客户超值忠诚是面临激烈竞争的服务企业的最高追求，它要比其他种类的客户忠诚更为重要、更有持续竞争力。

1. 垄断忠诚

垄断忠诚是指客户在别无选择的情况下的顺从态度，如某一产品或服务为某一个公司垄断。这种客户通常是低依恋、高重复的购买者，因为他们没有其他的选择。我国水、电等公用事业公司就是垄断忠诚的一个最好的实例。另外，微软公司的很多产品也具有垄断忠诚的性质，一位客户形容自己是“每月100美元的比尔·盖茨俱乐部”的会员，因为他至少每个月要为他的各种微软产品进行一次升级以保证其不落伍。

2. 惰性忠诚

惰性忠诚是指客户由于惰性而不愿意去寻找其他的供应商。这些客户是低依恋、高重复的购买者，他们对公司(或者供应商)也许并不满意，如果其他的公司能够让他们得到更多的实惠，这些客户便很容易被人挖走。拥有惰性忠诚客户的公司应该通过产品和服务的差异化来改变客户对公司的印象。

一个典型的惰性忠诚的例子是：一位制造商总是从同一家供应商那里订购某一专门部件。该制造商的采购经理认为，他们总是选择一家特定的供应商是因为他们对于订货程序非常熟悉。

3. 方便忠诚

方便忠诚的客户是低依恋、高重复购买的客户，这种忠诚类似于惰性忠诚。同样，方便忠诚的客户很容易被你的竞争对手挖走，这类客户重复购买某家公司产品是由于该公司的地理位置近，比较方便采购产品，当然，有时也是因为彼此熟悉。例如，某个办公室经理二十多年来一直负责办公用品的采购，他总是习惯在附近同一超市中购买。我们在购买盐、醋、酱油、牙膏等日用消费品时，总习惯在附近的小超市购买，既便利又可享受持卡的优惠。这都属于方便忠诚。

4. 潜在忠诚

潜在忠诚是低依恋、低重复购买的客户。客户希望不断地购买产品或服务，但是卖家的一些内部规定或其他的环境因素限制了他们，例如，客户原本希望再来购买卖家的产品，但是卖家只对消费额超1000元的消费者提供免费送货服务等因素限制了他们。

5. 价格忠诚

对于价格敏感的客户只会忠诚于提供最低价格的批发商，这些低依恋、低重复购买的客户是不能发展成为忠诚客户的。现在市场上有很多一元店、二元店、十元店等小超市，就是从低价出发，做好自己的生意，但这种超市重复光顾的客户并不是很多。

6. 激励忠诚

公司通常会为经常光顾的客户提供一些忠诚奖励。激励忠诚与惰性忠诚类似，客户也是低依恋、高重复购买的那种类型。当公司有相关奖励活动的时候，客户会积极前来购买；当活动结束后，客户们就会转向其他有奖励的或者更多奖励的公司。

旅行者经常选择美国航空公司的原因是获得其所提供的免费飞行里程，这就是激励忠诚的表现。我国1到7月份，为了吸引暑假外出旅游的教师和学生，各大航空公司竞相对持教师证和学生证的乘客给予优惠，以激励他们乘坐飞机，这也是激励忠诚的一个表现。

7. 超值忠诚

超值忠诚是一种典型的感情或品牌忠诚。超值忠诚的客户是高依恋、高重复购买的客户，这种忠诚对于很多行业来说都是最有价值的。客户对于那些使其从中受益的产品或服务情有独钟，不仅乐此不疲地宣传其好处，而且还热心向他人介绍。例如：一个客户把他最近购买的新款索尼笔记本电脑带到朋友家中炫耀它的新功能；另一客户不顾路途遥远也要到专卖店去购买“××”牌运动鞋；一位摄影爱好者总是购买 35 毫米柯达胶卷，而对其他型号的胶卷从不问津。这都是超值忠诚的表现。

5.6　衡量客户忠诚度的指标

客户对企业的忠诚度，可以用下列指标进行衡量。

1. 客户重复购买的次数

客户在购买东西时经常会货比三家，觉得哪家符合自己的喜好就选择哪家，但是很多客户并没有固定的购买商家，处于一种随意的状态，原因是找不到对自己真正有利的地方，或没有引起商家的足够重视，所以想让客户再次或是多次购买企业的产品，企业要重视客户，真正了解客户所需，这样就能加大客户的再次购买率，这就是提高客户忠诚度的一种手段。在一定时期内，客户对某一品牌产品重复购买的次数越多，说明对这一品牌的忠诚度就越高，反之就越低。企业应注意在确定这一指标的合理界限时，必须对不同的产品加以区别对待。

2. 客户挑选商品的时间长短

客户在购物时，大部分人会花相当长的时间去挑选自己所需的物品，但是一旦认定之后其购买的时间相当的短，所以我们要尽量缩短其选择的时间，最好的办法是让客户相信我们，觉得我们是值得信任的，这样就能缩短挑选的时间，也能体现出客户对企业的忠诚度。但由于对不同品牌产品的信赖程度有差别，对不同品牌产品客户挑选购买时间的长短也是不同的。一般来说，客户挑选时间越短，说明他对某一品牌商品形成了偏爱，对这一品牌的忠诚度越高，反之则说明他对这一品牌的忠诚度越低。在运用这一标准衡量客户忠诚度时，必须剔除因产品结构、用途方面的差异而造成的影响。

3. 客户对价格的敏感程度

每个客户在其购买产品时心中都有一个底价，就是所谓的心理价，一旦认为符合自己的心理价时其购买速度就会很快。所以只有在价格方面留有弹性，让客户觉得商家是为自己考虑的，方能接受其产品的价格，购买者一旦认定，就会马上购买，在以后的购买中不会在价格方面产生怀疑。消费者对价格都是非常重视的，但并不意味着消费者对各种产品价格敏感程度相同。事实证明，对于喜爱和信赖的产品，消费者对其价格变动的承受能力强，即敏感度低；而对于不喜爱的产品，消费者对其价格变动的承受能力弱，即敏感度高。据此亦可衡量消费者对某一品牌的忠诚度。运用这一标准时，要注意产品的必需程度、产品供求状况及市场竞争程度三个因素对于客户的影响。在实际运用中，衡量价格敏感度与品牌忠诚度的关系要排除这三个因素的干扰。

4. 客户对竞争品牌的态度

品牌竞争在当今市场上不再是产品质量与价格方面的竞争，而是服务的竞争，不过要弄清什么样的服务是客户所需，这样才能针对不同的客户提供不同的服务，有人认定虽然国产品牌和国外品牌呈竞争关系，但是国外也有人支持国产产品，这个就要看客户对企业的忠诚度如何了，这可通过了解客户对竞争品牌的态度来侧面了解。想要在品牌竞争中获胜，就要懂得怎么去为客户服务，了解客户对其竞争品牌的真正态度。人们对某一品牌态度的变化，多是通过与竞争产品相比较而产生的。根据客户对竞争对手产品的态度，可以判断客户对其他品牌的产品忠诚度的高低：如果客户对竞争对手产品兴趣浓、好感强，就说明对某一品牌的忠诚度低。如果客户对其他的品牌产品兴趣淡、好感弱，就说明对某一品牌产品忠诚度高。

5. 客户对产品质量的承受能力

现如今，产品质量问题经常被媒体报道出来，相比于以前，人们更担心产品质量问题对身体造成的不良影响。随着科技的进步，出现了很多化工原料制成的东西让人捉摸不定，无法判定其是真是假，有害无害。所以你想客户购买你的东西，首先需要让客户信任你、认同你的产品，在质量方面，产品应该是能被客户接受的，是对其无害的。任何一个企业都可能因种种原因而出现产品质量问题，即使名牌产品也在所难免。如果客户对某一品牌的印象好、忠诚度高，对企业出现的问题能以宽容和同情的态度对待，相信企业很快会对问题加以处理；若客户对某一品牌忠诚度低，则一旦产品出现质量问题，客户就会非常敏感，极有可能从此不再购买这一产品。这个就是客户对产品质量承受能力的体现。

6. 客户购买力的大小

在客户忠诚度的衡量中，其客户购买力的大小是不容忽视的，很多人想买但是没钱买，这是客观存在的事实，所以想赢得客户的忠诚，一方面要有能支付得起自己喜好的商品或是服务的客户，最好是根据不同的消费群体设置不同的商品价位，让其购买者具有能承担该价位产品的购买能力；另一方面让购买者认为物超所值，这样才能赢得客户忠诚。

5.7　影响客户忠诚的因素及提升客户忠诚的策略

5.7.1　影响客户忠诚的因素

对于服务型企业来说，客户忠诚是企业长期获利并保持竞争优势的根本，客户忠诚通常与服务质量、服务体验、关系互动、理念认同与增值感受这五个关键影响因素有直接关系。

1. 服务质量

服务质量是客户所获得的产品与服务的实质价值，包括产品质量、服务水平和交付能力三个最主要的方面。

产品质量是客户获得价值的静态体现，譬如史密斯热水器的耐用性。服务水平和交付能力是企业向客户提供价值的流程设计与行动体现，例如航空公司需要向头等舱乘客提供舒适的客舱环境和舒心的服务体验，而快递公司需要具备向客户承诺的响应速度与准确送达能力。

对于以客户为中心的服务型企业来说，产品质量只是服务质量的一个方面，在产品同质化严重的金融服务业、电信通信业与交通运输业，服务水平和交付能力会显得更为重要。

2. 服务体验

服务体验是客户在接受企业提供的产品与服务过程中的心理感受与满足感。随着信息技术进步带来的客户接触点分散化，服务体验对客户忠诚行为的影响力也在增加。比如一位理财客户在银行理财中心现场接受服务，即便这位客户认为企业提供的网上银行软件很好用，但若客户在现场服务体验感知不好，也会造成客户对企业的整体印象不佳，有可能因此而造成客户流失。例如，某位证券交易客户在使用证券公司提供的交易软件和资讯服务过程中，虽然觉得证券公司提供的交易软件很好用，但是若某个关键的资讯信息更新不及时导致了客户的投资决策失误，一旦给客户带来了投资损失，有可能会影响客户的忠诚行为。

3. 关系互动

关系互动是企业和客户之间的双向沟通过程。要保持客户忠诚就不能没有互动，互动就是企业和客户之间发起关系的过程，一方面包括企业主动发起的面向客户的服务沟通与关系维系行为，比如企业向客户表达的生日祝福等；另一方面也包括由客户主动发起的沟通或是客户主动回应企业的行动表现，比如客户主动向企业提供意见和反馈的行为等。仅有互动并不一定能够促进客户忠诚关系的维系，更为重要的是这样的互动关系是否本着互利互益的原则和服务为本的理念。

4. 理念认同

客户忠诚也与客户和企业之间的理念认同有关，对于服务型企业来说更是如此。这种理念认同不仅仅是对于企业产品设计和生产理念的认同，更重要的是对于企业的品牌理念和服务理念的认同。企业对于其理念适当地进行传播和沟通以及建立与客户之间的认同至关重要，这也是为什么许多企业都要向优质客户提供客户刊物的原因，一方面可向客户提供有价值的产品知识和信息资讯，另一方面也是让客户更加深入地了解和体验企业服务文化和产品理念的过程。客户对企业的高层次忠诚往往是客户对企业形成了理念层面的认同，客户往往是由于对企业理念的认同而产生拥护企业的行动。比如谷歌公司就通过核心价值观的有效传播，成功地实现了客户在理念层面对于企业的认同。

5. 增值感受

企业如何能够让客户获得真实的增值感受是企业实现长期的定价优化的决定性因素之一。一些服务性企业在这一方面有着非常成功的经验和实践，比如国际航空业通行的面向常飞行旅客的会员奖励计划，就在最初简单的里程奖励模式基础上不断地完善，建立了更为完善的基于产品类型和定价水平的分层里程累积奖励模式。对于经常乘机旅行的旅客，航空公司运用这种分层奖励的方式构建了持续良性的心理刺激，并增加了里程奖励的增值感受，从而达到了有效激励旅客在下一次乘机时优先选择自己航空公司的预期效果。

5.7.2　提升客户忠诚的策略

1. 建立员工忠诚

有一个不争的事实：具有高层次客户忠诚度的公司一般同时也具有较高的员工忠诚度。如果一个企业的员工流动率非常高，该企业要想获得一个较高的客户忠诚度那简直就是不可能的，因为客户所获得的产品和服务都是通过与员工接触来获得的。因此，客户忠诚的核心原则是：首先要服务好你的员工，然后才有可能服务好你的客户。

2. 树立“客户导向”的服务理念

激发客户对企业忠诚的重要因素主要有：内在价值、交易成本、各种关系利益人的互动作用以及社会或感情承诺。但是企业只是拥有了这些品质，还不一定能够获得太多的高忠诚客户，企业必须要有一种“以客户为中心”的文化，并且把这种文化反映到企业各个业务部门的业务流程中。

3. 确定客户价值取向

要提升客户忠诚度，我们首先要知道哪些因素将影响客户的取向。客户取向通常取决于三方面：价值、系统和人。这里仅讨论客户价值取向。当客户感觉到产品或者服务在质量、数量、可靠性或者“适合性”方面有不足的时候，他们通常会侧重于价值取向。当期望值受产品或者服务的成本影响时，低成本和较高成本产品或者服务的期望值是不同的，但当核心产品的质量低于期望值时，他们便会对照价格来选择产品或服务。

4. 实践 80/20 原则

企业实施客户忠诚计划时应该要好好应用一下 80/20 法则。概括地说，企业 80%的收入来源于 20%的客户。对于企业来说，所有的客户价值都是不一样的，其中一些客户为公司带来了长期的价值。明智的公司应该能够跟踪客户、细分客户，并根据客户的价值大小来提供有针对性的产品和服务。因此我们在推行客户忠诚计划时，应该把重点放在 20%～30%的高价值客户上，但同时我们应该考虑有一些有价值潜力的客户，并采取相应的策略。

5. 让客户认同物有所值

只有保持稳定的客源，才能为品牌赢得丰厚的利润。但是，当商家把“打折”“促销”作为追求客源的唯一手段时，“降价”只会使企业和品牌失去它们最忠实的“客户群”。促销、降价的手段不可能提高客户的忠诚度，“价格战”只能为品牌带来越来越多的“毫无忠诚可言”的客户。当商家、企业要寻求自身发展和高利润增长时，这部分客户也必将流失。培养忠诚的客户群，不能仅做到“价廉物美”，更要让客户明白这个商品是“物有所值”的。由于“经营同质化”，企业只有通过细分产品定位、寻求差异化经营、找准目标客户的价值取向和消费能力，才能真正培养出属于自己的“忠诚客户群”。

6. 循序渐进，强化客情关系

客户忠诚于企业必然会处于某种状态，因此企业只有理解客户目前所处的状态，才能够清楚地认识到如何提升客户的忠诚度。一般来说，客户忠诚度可以划分为 5 个阶段：猜疑、期望、第一次购买、重复购买和进行品牌宣传。如果你的客户关系建立与维护流程不能确保提升客户的忠诚度，就应该对其加以改善。

7. 用心做事，用情服务

在消费者意识抬头的时代，良好的服务是获得客户忠诚度的最佳方法，包括服务态度、回应客户需求或申诉的速度以及退换货服务等，让客户清楚了解服务的内容以及获得服务的途径。因为当今的客户变得越来越挑剔，并且在购买产品后会非常“敏感”，他们在与公司交易时希望能够获得足够的愉悦感，并且能够尽量减少麻烦。当这些客户获得了一次很好的客户服务体验时，他们自然会形成第二次购买；不过，如果他们获得了一次不好的体验，他们会向周围更多的人宣传他们的“不幸”。因此，企业要想提升客户体验，必须要把与产品相关的服务做到位，然后才是真正的产品销售。

8. 化解客户抱怨

对于大多数公司而言，90%的抱怨客户有机会向公司明确表述出来；而剩下的10%的客户没有机会向公司表述，这些抱怨只能反映到一些行为中，例如拖欠公司的应付账款，对一线的客户服务人员不够礼貌等。而且借助于互联网，这些不开心的客户很容易会让更多人知道其感受，因此企业必须要在这个不愉快的事情发生之前快速解决，尽量给客户一个倾诉抱怨的机会，让他们有机会说出心中的不畅，同时尽量解决这些问题。企业可以根据客户响应时间、客户趋势分析来设立公司的准则。在国外，“职员抱怨监控”是高层用来决策的一个重要工具。另外，服务不周造成的危害是显而易见的，弥补这种危害带来的影响，应被视为是一次机遇而不仅仅是痛苦的例行公事。我们解决客户抱怨的时候，从两方面入手，一是为客户投诉提供便利，二是对这些投诉进行迅速而有效的处理。

9. 获得和保留客户反馈

研究表明，客户反馈与客户对优质服务的感知是密切相关的。互联网的到来已经改变了客户对反馈的感知。逐渐地，客户开始期待企业能够提供全天 24 小时服务。而且，现在的客户也已经习惯了访问网站，并期望能够在网上获得问题的答案。一些最新出现的技术工具，例如 Web 的自助式服务、E-mail 管理、Chat/Web-CallBack 逐渐成为公司客户服务部门的关键应用之一。

10. 主动提供客户感兴趣的新信息

一对一个性化的服务已经成为趋势，例如可以设计一个程序，请客户填入他最感兴趣的主题，或是设计一个程序自动分析客户资料库，找出客户最感兴趣的主题，当有这方面的新产品时便主动通知客户并加上推荐函，必能给客户不一样的个性化服务感受。

11. 做好客户再生

研究学者发现，向一个流失客户销售产品的成功率是向一个新客户销售成功率的两倍。在很多公司，挽回流失客户通常是最容易被忽视的、可增加收入的策略。一般情况下，公司每年平均流失客户的20%～40%，因此公司不仅需要建立客户获取和客户保留策略，而且需要建立“客户再生”策略。因为没有一家公司能够实现 100%的客户保留，因此，每一家公司都需要重新获取这些已经流失的高价值客户。

12. 针对同一客户使用多种服务渠道

研究者研究表明，通过多种渠道与公司接触的客户的忠诚度要明显高于通过单渠道与公司接触的客户。不过这个结论的前提是，客户进入实体商店登录网站或者是给呼叫中心打电话都可以获得同样的服务。为了实现这种多渠道的产品交付和产品服务，公司必须要能够整合多种渠道的资源和信息，只有这样才能够清晰地知道客户到底在何时喜欢何种渠道，并且无论客户使用何种渠道，企业相关的与客户接触的人员都能够获得统一的客户信息。客户的善变性、个性化追求，使得我们的企业不得不增加服务渠道，别无选择，否则客户只会流向竞争对手。另外，企业应该与客户建立多层联系。企业所具有的和客户接触的知识绝不应该来自单一的如与客户服务人员的联系，这种狭窄的接触不但易于使企业获取的信息失真，并产生不准确的判断，而且这种委托关系是很脆弱的，当联系发生变化时，会让竞争者有可乘之机。理想的情况是客户与企业之间有多层联系，并且多层联系的信息能够得到整合。

思考与练习

一、单选题

1. 在客户关系管理里，客户的满意度是由(　　)决定的。

A. 客户的期望和感知　　B. 客户的抱怨和忠诚

C. 产品的质量和价格　　D. 产品的性能和价格

2. 对于企业来说，达到(　　)是基本任务，否则产品卖不出去；而获得(　　)是参与竞争取胜的保证。

A. 客户忠诚，客户满意　　B. 客户价值，客户忠诚

C. 客户满意，客户价值　　D. 客户满意，客户忠诚

3. 客户满意中超出期望的公式是(　　)。

A. 感知服务 > 预期服务　　B. 感知服务 < 预期服务

C. 感知服务 = 预期服务

4. 当客户只有一个期望值无法满足时，(　　)不是我们应对的技巧。

A. 说明原因　　B. 对客户的期望值表示理解

C. 提供更多的有效解决方案　　D. 与客户据理力争

5. 客户投诉的最根本原因是(　　)。

A. 客户没有得到预期的期望　　B. 客户得到预期的期望

C. 我们的产品质量不好　　D. 我们的后续服务不好

6. 客户期望的服务质量可以用(　　)来表示。

A. 公司价值　　B. 客户让渡价值

C. 客户忠诚度　　D. 客户关系价值

7. 客户关系管理营销策略成功实施的关键是(　　)。

A. 发掘潜在客户　　B. 留住低贡献客户

C. 保持客户忠诚度　　D. 培育负值客户

8. 在客户关系管理里，以下哪种情况不是客户忠诚的表现(　　)。

A. 对企业的品牌产生情感和依赖

B. 重复购买

C. 即便遇到对企业产品的不满意，也不会向企业投诉

D. 有向身边的朋友推荐企业的产品的意愿

9. 客户对供电公司所提供的电力服务的使用是基于以下哪种类型的忠诚？(　　)

A. 垄断忠诚　　B. 亲友忠诚

C. 惰性忠诚　　D. 信赖忠诚

10. 著名经济学的 80/20 原则是指(　　)。

A. 企业 80%的销售额来自 20%的老客户

B. 企业有 80%的新客户和 20%的老客户

C. 企业 80%的员工为 20%的老客户服务

D. 企业 80%的利润来自 20%的老客户

11. (　　)是指客户对某一特定产品或服务产生了好感，形成了偏好，进而重复购买的一种趋向。

A. 客户满意度　　B. 客户价值

C. 客户忠诚度　　D. 客户利润率

12. 客户忠诚度是建立在(　　)基础之上的，因此提供高品质的产品、无可挑剔的基本服务，增加客户关怀是必不可少的。

A. 客户的盈利率　　B. 客户的忠诚度

C. 客户的满意度　　D. 客户价值

13. 满意度和忠诚度之间的关系，在以下哪个关系中表现得最为紧密？(　　)

A. 行业竞争激烈的企业客户关系　　B. 实施客户积分计划的企业客户关系

C. 退出成本/门槛高的企业客户关系　　D. 专利技术产品企业客户关系

二、问答题

1. 客户满意与客户满意度有哪些区别？
2. 衡量客户满意度的指标是什么？
3. 影响客户满意的因素来源于哪些方面？
4. 影响客户期望值的因素是什么？
5. 影响客户感知值的因素是什么？
6. 如何通过调整客户期望与客户感知之间的差距来提高客户的满意度？
7. 什么是客户忠诚营销？
8. 什么是客户忠诚度？
9. 简要阐述客户满意与客户忠诚之间的关系。
10. 客户忠诚有哪些类型？
11. 影响客户忠诚的指标有哪些？
12. 哪些因素会影响客户忠诚？
13. 提升客户忠诚的策略有哪些？

三、实训题

1. 学生对自己开设的网店近半年的客户信息进行整理。

2. 通过电话、短信、阿里旺旺、邮件等方式对客户展开关于店铺产品满意度与服务满意度的回访并详细记录。

3. 回访完成后对回访记录进行汇总分析，形成网店产品满意及服务满意分析报告。

4. 结合上一阶段针对客户服务展开的回访以及店铺后台的销售记录，找出网店的忠诚客户。

5. 有针对性地制订提升客户忠诚的详细方案，并通过一段时间的运营将客户忠诚提升的效果形成报告。

项目 6　电子商务时代下的客户关系管理

【学习目标】

(1) 理解电子商务时代客户关系管理的新特点、流程和基本运作模式；

(2) 运用所学理论知识指导网络客户关系管理的相关认知活动；

(3) 具备在网络环境下，利用信息技术与智能技术规划客户关系管理系统的基本技能；

(4) 能熟练运用网络客户服务工具为客户开展服务；

(5) 能运用网络调研工具对客户进行调研和分析。

6.1　电子商务时代下客户关系管理的新特点

客户关系管理(Customer Relationship Management，CRM)是一个不断加强与客户交流，不断了解客户需求，并不断对产品及服务进行改进和提高以满足客户需求的连续过程。其内涵是企业利用信息技术和互联网技术实现对客户的整合营销，是以客户为核心的企业营销的技术实现和管理实现。客户关系管理办法注重的是与客户的交流，企业的经营是以客户为中心，而不是传统的以产品或以市场为中心。客户关系管理可以为客户提供多种交流的渠道，方便与客户的沟通。

6.1.1　客户关系管理的特点

客户关系管理的主要特点如下：

(1) 能集中企业内部原来分散的各种客户数据从而形成正确、完整、统一的客户信息为各部门所共享；

(2) 客户能得到来自企业任何部门的一致的信息；

(3) 由于企业内部的信息处理是高度集成的，客户可选择电子邮件、电话、传真等多种方式与企业联系并都能得到满意的答复；

(4) 由于客户与企业交往的各种信息都能在企业的数据库中得到体现，因此能最大限度地满足客户个性化的需求；

(5) 企业可以充分利用客户关系管理系统，准确判断客户的需求特性，以便有针对性地开展客户服务，提高客户忠诚度。

6.1.2　电子商务时代下客户关系管理的新特点

1. 以服务网络客户为中心

传统的客户关系管理的核心思想是将企业的客户(包括最终客户、供应商、分销商以及其他合作伙伴)作为最重要的企业资源，通过完善的客户服务和深入的客户分析来获取客户的需求并满足，保证实现客户的价值。然而，在电子商务时代下，传统的管理思想已经不够用了，互联网带来的不仅仅是一种手段，它还触发了企业组织架构、工作流程的重组以及整个经营管理思想的变革。电子商务时代下的客户关系管理(服务)的主体首先是网络客户。

2. 网络互动型的管理机制

电子商务时代下的客户关系管理立足网络条件，实施企业的市场营销与服务。通过网络条件，向客户提供全面、个性化的服务。快捷的网络互动可以强化对客户的跟踪服务，提升信息处理能力，使经营者能够与消费者协同建立和维护卓有成效的客户关系，从而使企业有可能提供更快捷和更周到的优质服务，提高客户满意度，吸引和保持更多的客户，创造更高的经济效益。

3. 广泛使用管理信息技术

电子商务时代下的客户关系管理势必广泛使用管理信息技术，包括广泛使用客户管理软件和物流信息技术手段。通过将数据挖掘、数据仓库、销售自动化以及其他信息技术紧密结合在一起，为企业的销售、客户服务和决策支持等领域提供一个自动化的解决方案，从而顺利实现由传统企业经营模式到以电子商务为基础的现代企业经营模式的转变。

4. 社会化媒体引领消费新时尚

社会化媒体是互联网时代的一种新媒体，用户可以利用电脑、手机等多种终端方便地获取社会化媒体上的信息。社会化媒体已经成为客户猎取品牌形象与产品销售的重要通道。社会化媒体创造出新的营销模式，这些模式在消费者洞察、热点引爆、持续营销和品牌关怀等方面创造出的价值，将对客户服务领域产生深刻影响。

6.2　电子商务平台客户关系管理的流程

要确保客服人员工作的努力与付出是有价值的，就需要有一个合理的客户关系管理流程。流程运营过程中要有规范，有了规范自然做事情也会事半功倍。下面以一年一度的“双十一”购物狂欢节为例，介绍如何通过合理的客户关系管理流程来保障业务的顺利运转。

6.2.1　售前服务

无论是否处在“双十一”的活动中，售前服务一样重要，一个售前服务做得好的店铺会比其他店铺的成交量高一成左右，可见其重要性。下面介绍提供售前服务的客服人员具体要做哪些工作。

1. 客户咨询服务工作

无论是面对客户的咨询还是各种疑问都要准备相应的问候语以及专业的话术，这才是一个合格的客服人员，一个店铺的整体实力以及客户对于店铺的好感度也与客服人员的话术有着直接的关系。下面从以下三方面具体介绍客户咨询服务工作的重点。

(1) 客服人员必须掌握的技能。

做好售前客户咨询服务的前提就是对店铺各类情况的掌握，需要熟知比如产品的属性数值、产品的库存情况、安全库存的通知、销售政策以及邮费情况。当然在“双十一”以及其他活动期间还需要客服人员熟知活动情况。

(2) 客户咨询的应答。

在客户咨询物流信息、库存情况和产品是否有优惠的时候，依照自己所掌握的信息，结合当时实际情况向客户详细解答，以促成交易。

(3) 商品特价的申请与回复。

在客户咨询时根据当时情况向客户进行解答，如成交失败，记录此次失败的原因，并且对此类客户进行分类记录；有特价优惠活动时，优先联系此类客户以及稳定的老客户，一般情况下此类客户成交量是比较高的。

2. 订单的跟进

(1) 订单达成。

在与客户进行沟通解答或议价时话术不要过于死板，可以活泼一些，以博取客户的好感，争取引导客户追加订单，增加订单量，并且在后台备注客户信息，以便与客户的下次沟通。

(2) 订单的确认。

此环节中要主动并且仔细地与客户核对所购商品的规格信息，以及客户所填的个人信息是否正确。

(3) 客户付款。

在客户付款以后将物流信息告知客户，并且向客户表示对此次购物的感谢，添加旺旺好友，备注并分类，表示以后有同类产品的最新活动时会主动联系客户，以便客户可以及时参加活动，赢取客户的好感。

(4) 销售报表。

制作每日或者每周销售报表并备份，以便更快地改进店铺的不足，以及为店铺下一步的运营计划起到数据支持的作用。

6.2.2 售中服务

通常，“双十一”结束后的一周内要比“双十一”期间更重要、更忙碌，从事售中服务工作首当其冲的就是客服人员了，那么客服人员在这段时期应主要做些什么呢？

1. 查看客户未付款的状态

在“双十一”期间有很多人下了订单但是却迟迟没有付款，那么就需要去了解一下客户未付款的原因，并利用相应的方式去催款，当然态度要好，积极耐心地解答客户的各种疑问，以避免客户流失。

(1) 面对淘宝新客户：可以通过订单中预留的手机号码进行电话沟通，先了解其未付款原因，然后催款。

(2) 面对淘宝老客户：如果客户是因为支付平台原因未付款，可以选择电话或者旺旺催款；如果是因为拍错商品，可以不催或者让客户取消订单。客户选择别家也要进行短信问候，争取以后的合作。

(3) 面对还在犹豫的客户：可以通过服务消息进行间接催付或者通过电话和短信进行催付，但态度一定要好，有耐心，了解其犹豫的原因，并适当解答客户疑虑。

(4) 面对店铺回头客：这类客户一般都是稳定客户，未付款的情况出现的不是很多，一般选择短信催收便可，但是不要过于频繁，以免惹人厌烦。

2. 客户已付款的状态

客户成功下单并且支付货款，虽然与客户间的交易已达成，但是为了以后还能继续发展成为回头客，那么一定要对客户关注的问题格外上心，客户关注的无非就是订单查询的问题。具体流程如下：

(1) 查询订单状态。在订单已经发出或者还未发出的时候，应该主动查询物流的详细信息或者是查询快递仓库的信息并且主动告知客户，打消客户的顾虑并安抚客户的情绪。

(2) 换货/更改物流。在订单已发的时候联系物流人员看快递还能否追回，如果能追回就马上重新发货并且更改物流；订单无法追回的情况下，应主动联系并致歉客户，与客户协商重新补发货或者直接拒签。

(3) 取消订单。在订单已发的时候联系物流公司，如快递可以追回，那么立马召回快递并且配合客户取消订单；如果无法追回快递，应该主动联系客户并致歉，争取客户能协助拒签。在订单未发送的时候，直接为客户取消订单，并且问候客户，希望客户以后再次光顾。

6.2.3　售后服务

声势浩大的“双十一”购物狂欢终于拉下帷幕，在“双十一”之前各店家就进行了各种推广手段，广告、红包、优惠券铺天盖地地袭来。虽然“双十一”已经结束，但是店家还不能松懈，一定要考虑好“双十一”过后的各种问题。在“双十一”结束的一周内，各种咨询以及投诉问题会呈井喷式爆发，所以售后服务不可大意。“双十一”结束后的售后服务集中在以下几点。

1. 售后查件咨询

在下单以及付款成功以后，客户最为关注的就是快递的查询。售后查件咨询可以由客服人员进行网络或者电话查询，然后主动将查询后的结果告知客户，或者建议客户自行去网络或者 APP 中查询。

2. 产品售后问题

客户收到产品的时候，产品可能会有瑕疵或者损坏。客户若觉得不满意，会联系售后客服人员协商解决问题。客服了解了产品的详细情况后，对售后问题一般可有两种解决方案。

(1) 产品自身质量问题。

在发货时不注意将本身就有瑕疵或者质量差的产品误发给客户的情况下，需要主动了解客户的需求，如果客户要求退货时，要与客户确定需要退款的实际金额，然后进行退款，线上客户提供货物实时照片，确认是产品自身问题就让客户将货物发回，验收货物，货物验收完毕进行退款，并赔偿客户的快递费或者提供一些小礼品向客户致歉；如果客户需要换货时，就依旧按照上面的流程，在验收完货物以后向客户快递新的产品并且附赠一点小礼物以示歉意。

(2) 快递运输问题。

在客户收到产品的时候，如果发现是由于运输途中快递公司的暴力装卸或者没有对产品采取必要的保护措施从而使得产品出现问题甚至严重损坏，那么可以与客户协商一起追究快递公司的责任，由快递公司对客户的损失进行赔偿。

3. 差评解决办法

在客户收到货物并且对此次购物进行评价时，可能会由于各种各样的原因，直接给予差评或者中评。但是差评对于店铺的影响是十分巨大的，所以这时就需要妥善处理，争取让客户将差评删除或者修改，主要可通过以下方法。

(1) 分析客户给予差评的原因。

在联系客户修改评论之前，还是需要做足功课，先了解客户购买了哪些商品，分析客户为何给予差评，并且根据客户的心理准备好应对客户的话术，贸然地去联系客户修改评论，只会起反作用。

(2) 及时与客户沟通。

在做足前期准备后，立刻主动通过旺旺或者电话联系客户，并且态度一定要诚恳，仔细了解客户给予中差评的实际原因，并且表示虚心地接受客户的建议，也可以进行一定的补救措施，协商解决。

(3) 差评解决措施。

与客户沟通以后，可以适当地询问客户是否接受修改评论的请求。如客户接受修改，可以选择赠送客户一些小礼品，并向客户表示感谢；如客户不接受修改，可以与客户协商补偿措施，如赠送现金红包或者小礼品之类的。暂时没有修改的客户，切不可马上去催促，应立即做好备注，随时准备进行二次跟踪询问。

6.3 电子商务平台的客服工具及技巧

6.3.1 电子商务平台的客服工具

对于在淘宝上开店的卖家来说，之前开网店要打开多个页面并访问多个应用，现在只需一个千牛工作台(阿里巴巴集团卖家工作台)即可上下架宝贝、接单做生意和实时看数据，千牛工作台成为经营开店必备。千牛工作台(简称千牛)作为卖家版旺旺的升级版，是淘宝客服必备的工具，千牛具有客服接待、智能回复和掌上店铺三大实用功能。

1. 客服接待

1) 客服转接

客服转接是指遇到不属于自己的问题时，把客户转给其他客服接待。在千牛工作台，实现快速转接的操作示意图如图 6-1 所示。

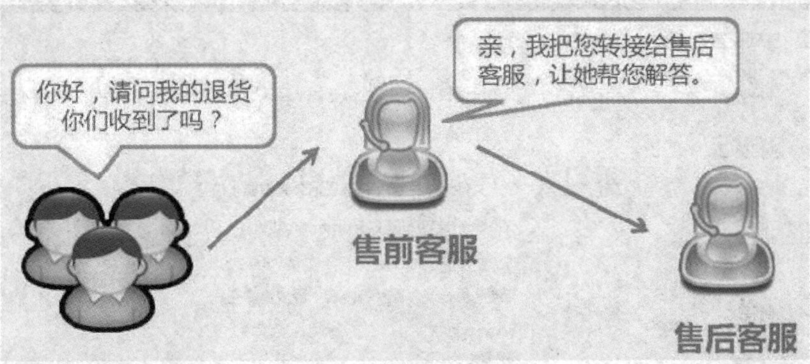

图 6-1　客服转接示意图

2) 把客户转给其他客服

点击图 6-2 千牛对话框右上角的第一个按钮，就可以转发消息给团队其他成员，实现将客户转给其他客服，进行后续处理。

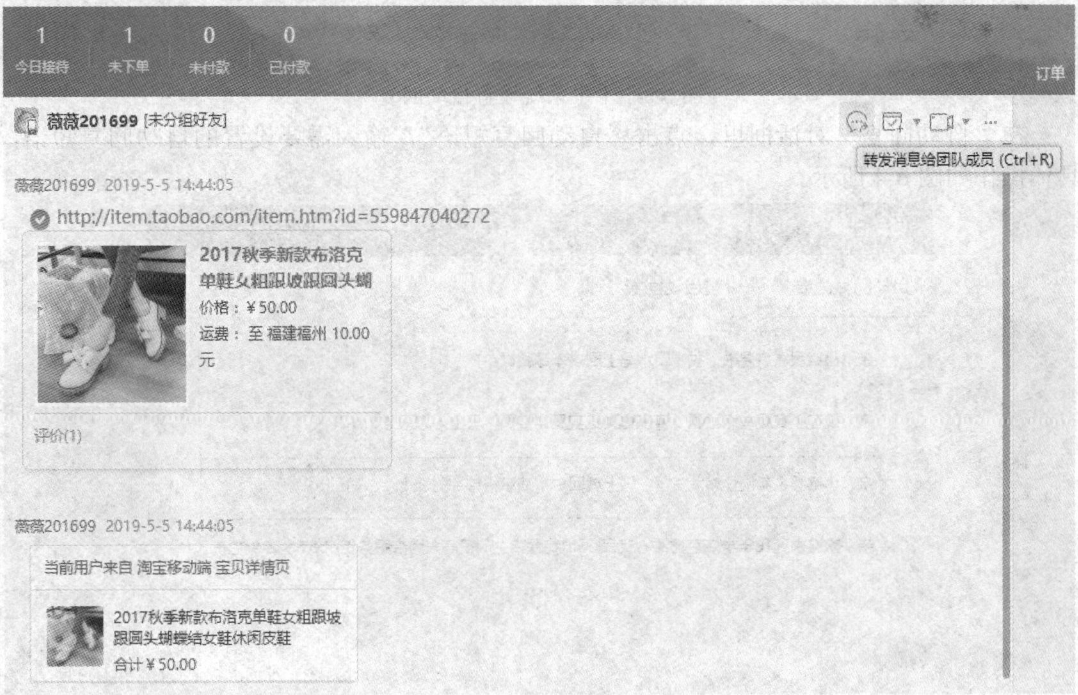

图 6-2　客服转接对话框

2. 智能回复

客服以一对多，光靠提升打字速度是不够的，还要掌握千牛工具的智能回复功能，包括设置自动回复、设置快捷短语及开启千牛机器人。

1) 设置自动回复

点击千牛工作台左下角的“系统设置”，在“系统设置”对话框中选择“自动回复”，再点击上方第一个“自动回复”按钮，进行自动回复设置，具体操作如图 6-3 所示。

图 6-3　千牛系统设置自动回复

在“自动回复”对话框里，点击“自动回复短语”，输入需要设置的自动回复短语，具体操作如图 6-4 所示。

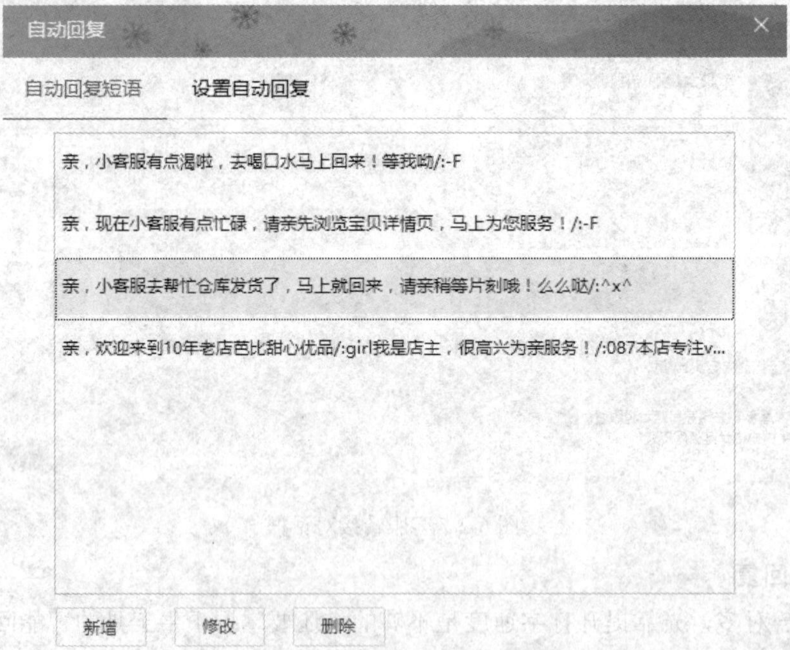

图 6-4　千牛输入自动回复短语

点击“设置自动回复”，在当天第一次收到买家消息时、当我的状态为“忙碌”时、当我的状态为“离开”时、当正在联系人数超过一定数量时等状况下选择相应的自动回复短语即可，具体操作如图 6-5 所示。

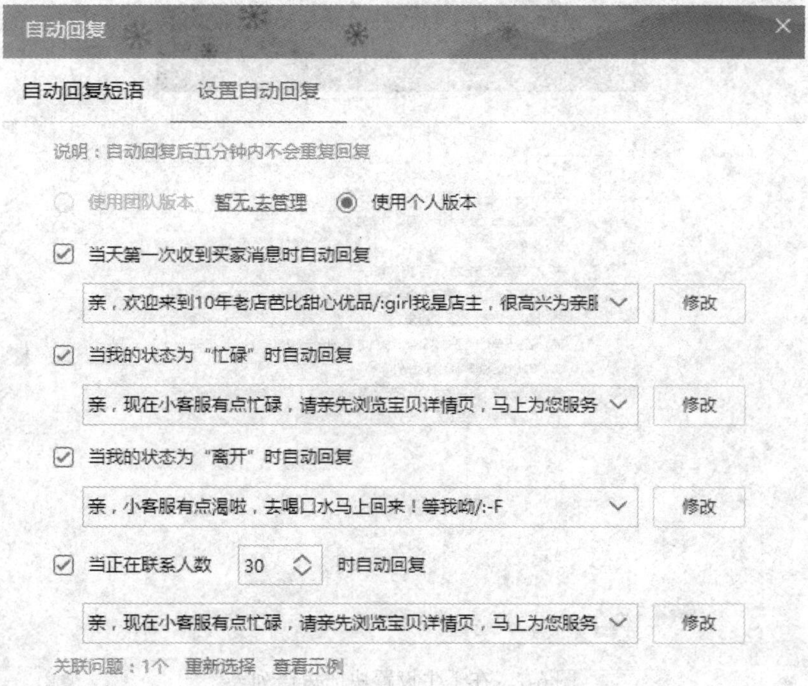

图 6-5　千牛在不同状况下设置自动回复

2) 设置新增快捷短语

客服人员每日会遇到很多类似提问，把这些问题的答案设成快捷回复，就可以节省很多打字和思考的时间，具体操作如图 6-6 所示。

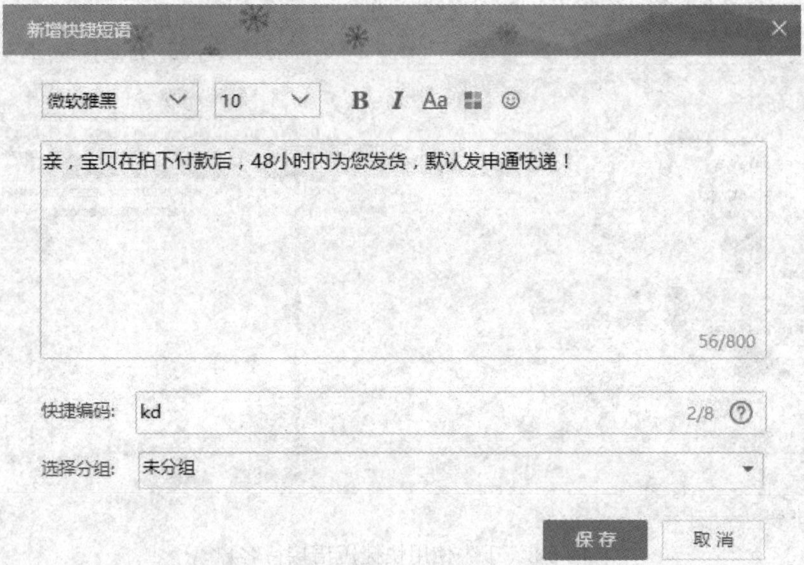

图 6-6　千牛设置新增快捷短语

除了新增外，还可以通过导入进行快捷短语的设置，设置好快捷短语列表，具体操作如图 6-7 所示。

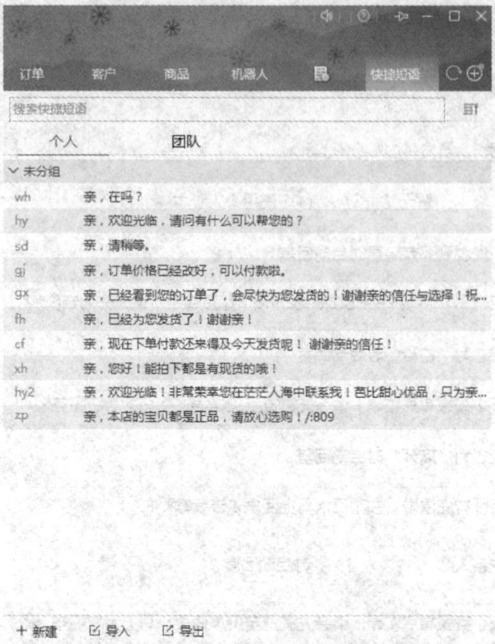

图 6-7　在千牛设置快捷短语列表

设置好快捷短语列表后，在客户接入时，就可以根据客户咨询的内容，单击相应的快捷短语或在回复框内输入“/快捷编码”即可快速回复，譬如在对话框输入/xh，对话框会显示设置好的快捷短语，具体操作如图 6-8 所示。

图 6-8　千牛使用快捷短语接待客户

如果觉得快捷回复还是不够方便，那么还可以开启千牛机器人。

3) 开启千牛机器人

点击千牛对话框顶端右侧第四个按钮“机器人”，点击“去开启”，即可开启机器人，在人工客服不在线时，由机器人来解答客户的咨询，为客户服务，具体操作如图 6-9 所示。

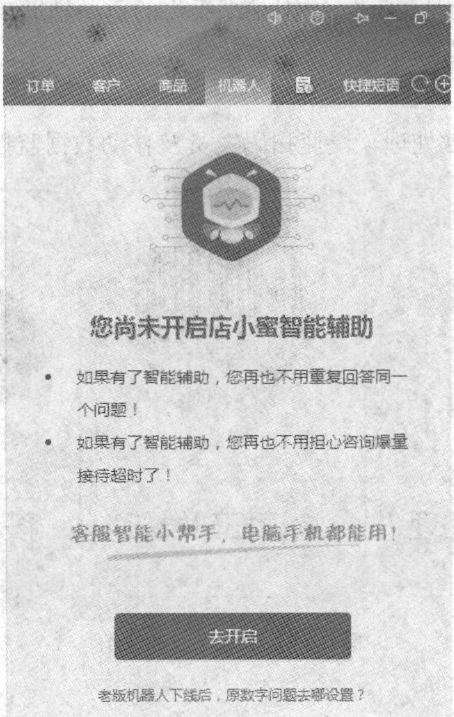

图 6-9　开启千牛机器人

在“店小蜜”对话框中，可以进行机器人接待设置，如图 6-10 所示。

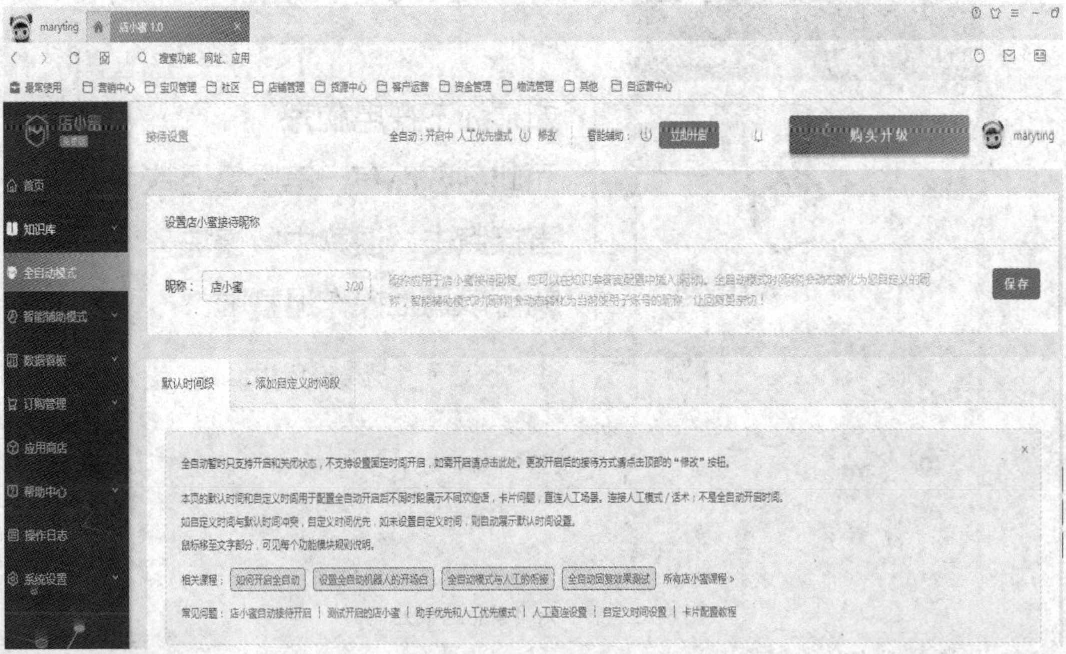

图 6-10　千牛机器人接待设置

3. 掌上店铺

掌上店铺(手机端千牛)是 PC(个人电脑)端千牛的重要辅助工具，被称为千牛无线，它有很多方便快捷的使用方法。

1) 千牛无线的优势

千牛无线具有紧急退款处理、快捷扫码发货及移动数据监控等功能，如图 6-11 所示。

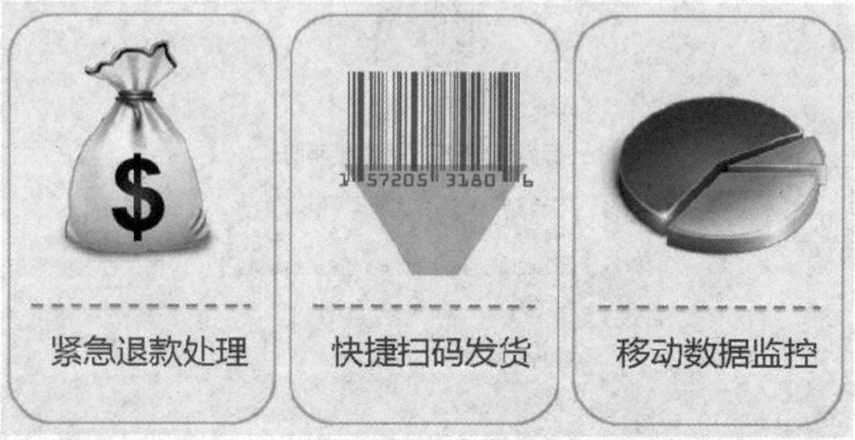

图 6-11　千牛无线的优势

2) 紧急退款处理

在千牛无线中点击“退款中”模块，即可快速处理退款操作，提升客户体验，具体操作如图 6-12 所示。

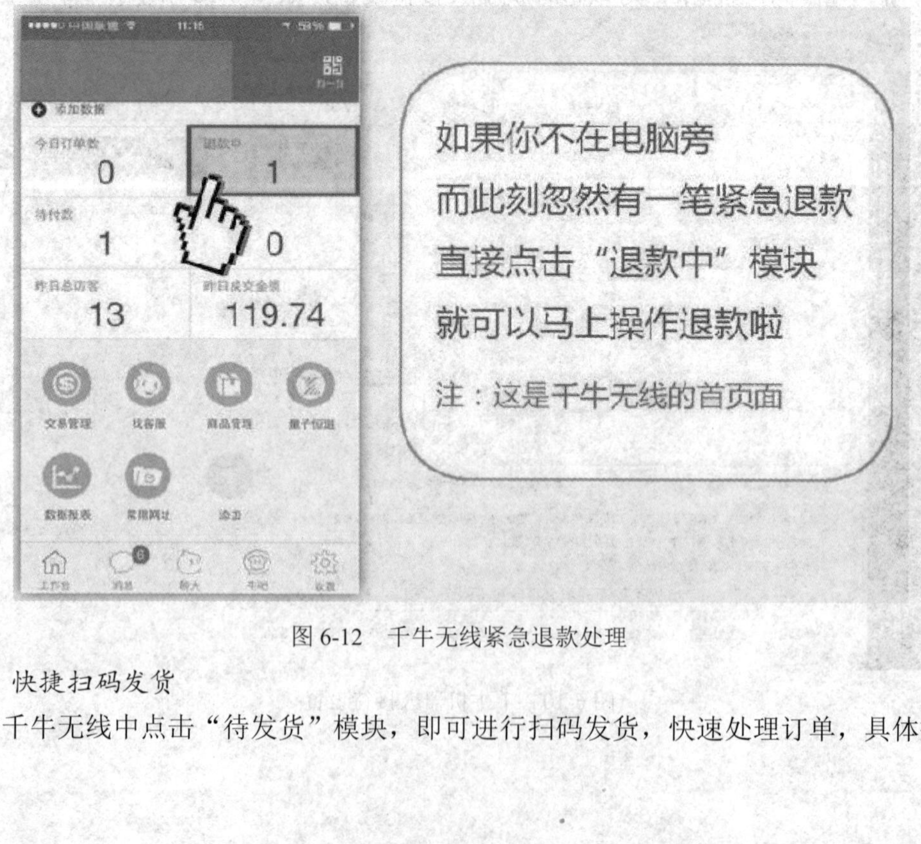

图 6-12　千牛无线紧急退款处理

3) 快捷扫码发货

在千牛无线中点击“待发货”模块，即可进行扫码发货，快速处理订单，具体操作如

图 6-13 所示。

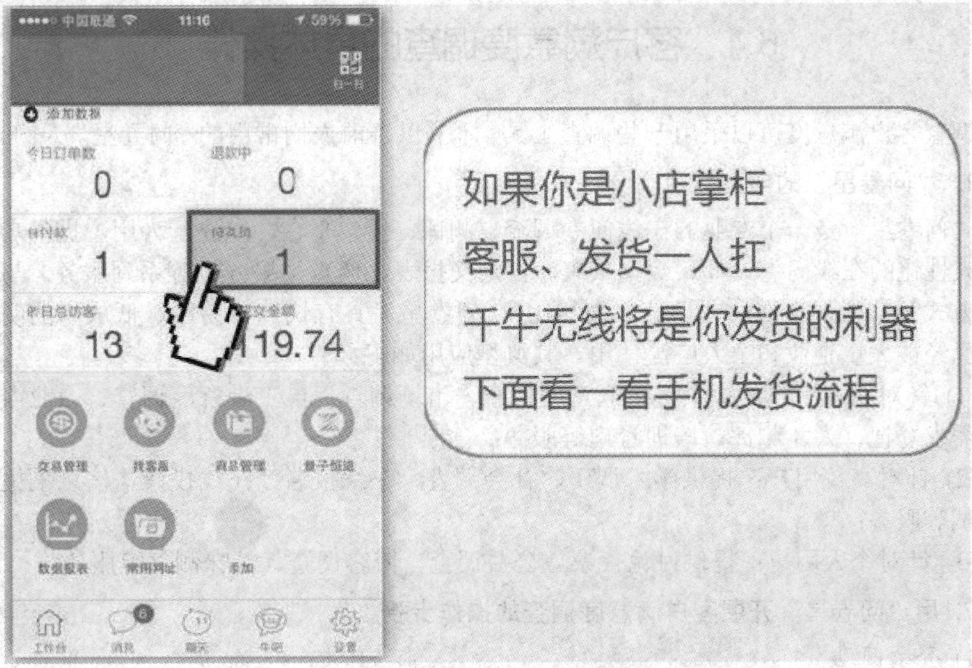

图 6-13　千牛无线快捷扫码发货

6.3.2　电子商务平台的客服技巧

电子商务平台的客服人员作为网店销售的第一线人员，代表着网店的品牌，也是网店的形象代言人。因此客服人员在网店中担当重要的角色，从事着了解客户的需求、解答客户疑问、促进客户下单的重要工作。

1) 客服人员心理培训

有些客服人员由于店内的产品不好就很怕客户提问，然后导致询单转化率低，售后更怕客户找上门。面对这种情况，需要先让客服人员肯定自家的产品，让其意识到世界上没有完美的产品，不要觉得产品有问题或者客户问到产品缺点就不知如何作答。

2) 客服人员情绪控制

客服人员要学会控制自己的情绪。作为淘宝客服人员，将会面对各种各样的人，遇到再难缠的客户也不应该情绪化，要体会“客户是上帝”这句话，哪怕是客户没有在店内下单也不要对其恶言相向，因为虽然这次没有购买，但是不排除有下次购买的可能。

3) 客服意识培训

(1) 服务意识。站在客户的角度去思考问题，当你作为一个买家的时候希望客服人员怎么对待你，那你现在就应该怎么对待你的客户，基本要求是礼貌热情。

(2) 销售意识。拥有强大的洞察力是客服人员的基本要求，要能从聊天过程中发现客户的真正需求和购买能力，这是提高询单转化率的重要能力。客服人员推荐也是提高转化率的好方法，给每一位询单的买家根据聊天情况最少发一个推荐产品，另外推荐搭配产品也可以挽回可能流失的订单。

6.4　客户满意度调查的具体操作

调查客户满意度可以采用一些调查工具，本书以目前人们常用的“问卷星”为例介绍。

1. “问卷星”的典型应用

“问卷星”是一个专业的在线问卷调查、测评、投票平台，专注于为用户提供功能强大、人性化的在线问卷设计、数据采集、自定义报表、调查结果分析等系列服务。与传统调查方式和其他调查网站或调查系统相比，“问卷星”具有快捷、易用、低成本的明显优势，已经被大量企业和个人广泛使用。其典型应用如下：

(1) 针对企业用户：提供客户满意度调查、市场调查、员工满意度调查、企业内训调查、需求登记、人才测评、培训管理等服务；

(2) 针对高校用户：提供学术调研、社会调查、在线报名、在线投票、信息采集、在线考试等服务；

(3) 针对个人用户：提供讨论投票、公益调查、博客调查、趣味测试等服务。

2. 用“问卷星”开展客户满意度调查的操作步骤

1) 登录网站

登录“问卷星”网站(https://www.wjx.cn/)，如图 6-14 所示。

图 6-14　“问卷星”网站首页

2) 注册账号

(1) 在“问卷星”网站首页点击右上角的“注册”按钮。

(2) 在注册页面填写账户信息。分别填写下列信息完成注册。

用户名：字母 + 数字；密码：8～20 个字符，包含字母和数字；填写关联手机号码后，填写好将收到的验证码；以上四项填写好后点击“创建用户”按钮。

(3) 创建问卷调查表。

① 注册好后，登录进入个人界面。

② 点击左上角的“创建问卷”按钮，如图 6-15 所示。

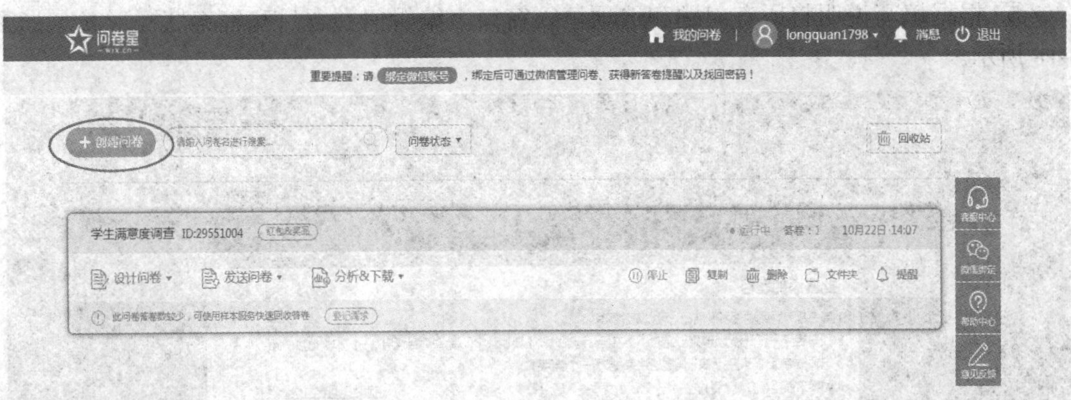

图 6-15　创建问卷

③ 在创建文件类型页面填写调查名称并选择创建调查的方式，如图 6-16 所示。在创建调查的页面既可以在文本框中自己命名并设计调查表，也可以选取“选择模板”“导入文本”或“录入服务”，选择好后点击“创建”按钮。

图 6-16　创建调查

④ 进入题目添加页面，点击“批量添加题目”按钮，如图 6-17 所示。

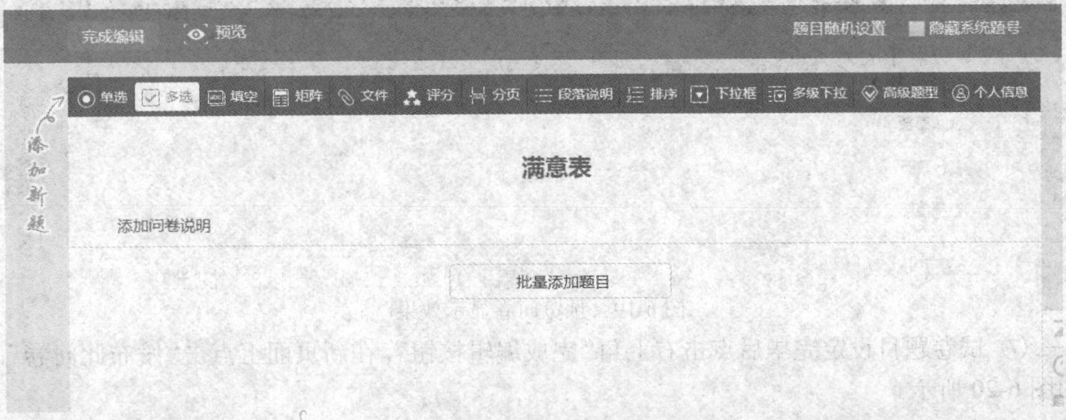

图 6-17　点击批量添加题目按钮

⑤ 根据填写说明将所有问题和选项填入窗口，编辑问卷题目和答案填写形式。如图 6-18 所示。

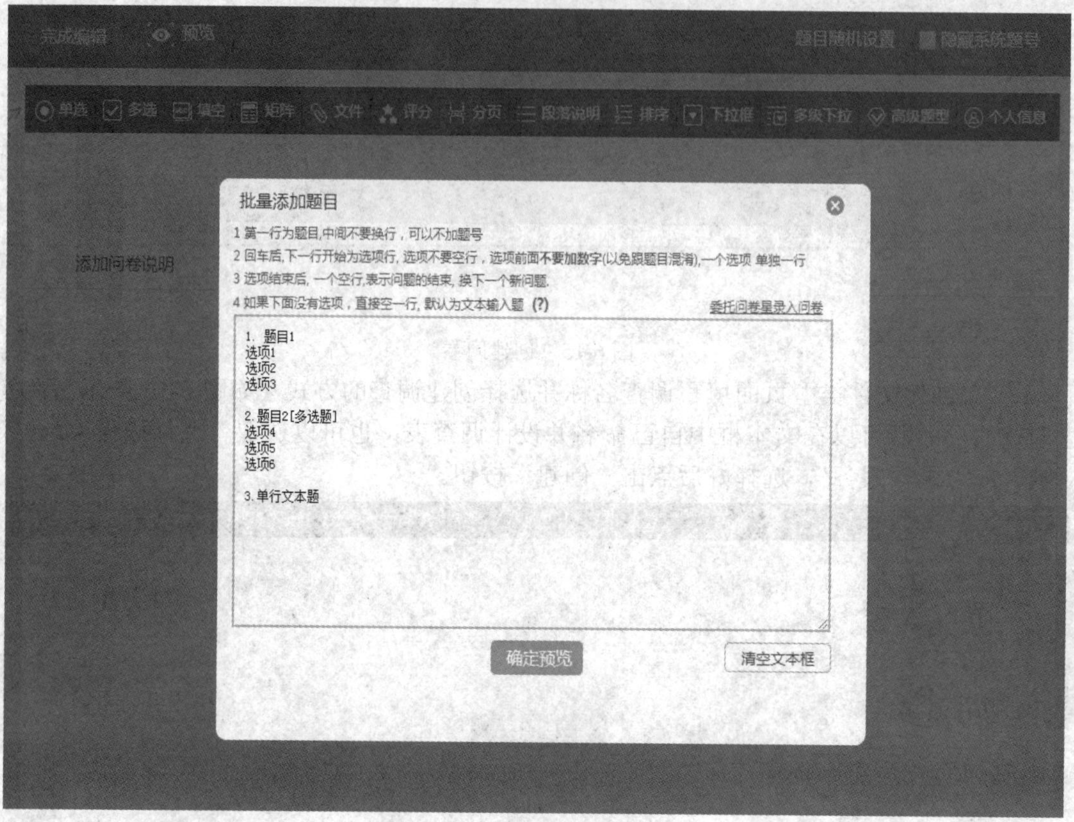

图 6-18　批量添加题目

⑥ 录入完所有题目后，可点击左上角“预览”页面，查看问卷显示效果，如图 6-19 所示。

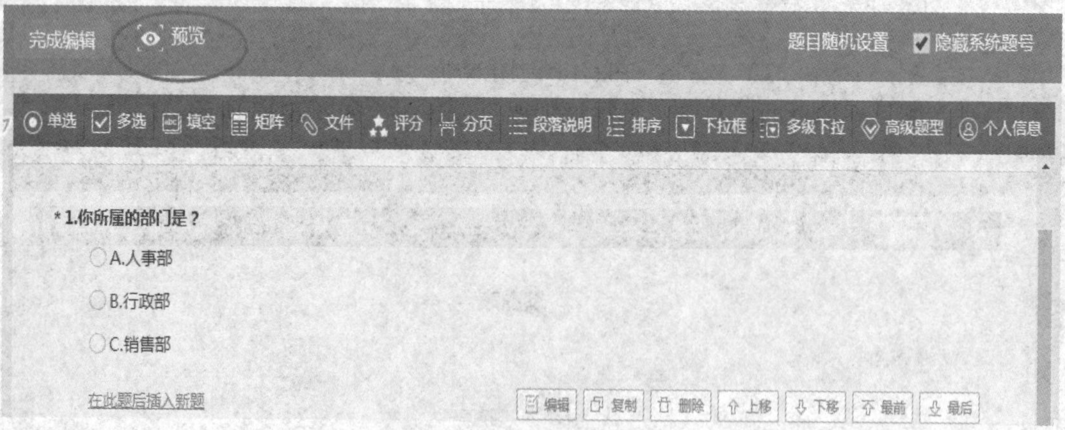

图 6-19　预览问卷显示效果

⑦ 试卷题目设定完毕后点击右上角“完成编辑按钮”，在新页面上点击“发布此问卷”，如图 6-20 所示。

图 6-20　发布问卷

⑧ 弹出问卷发布成功的窗口即生成并发布问卷，如图 6-21 所示。

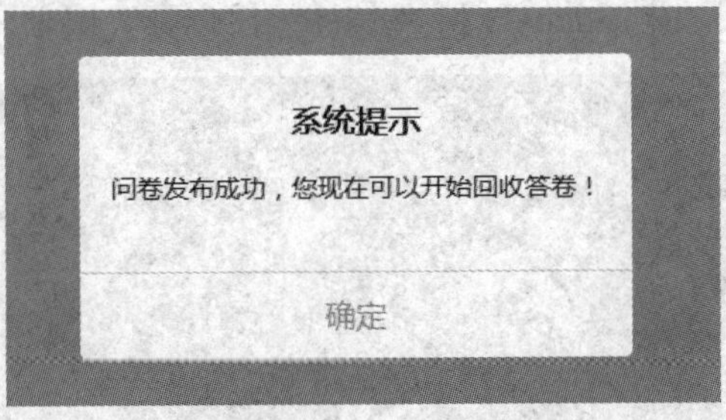

图 6-21　问卷发布成功提示

⑨ 将问卷发布到各个社交软件，如图 6-22 所示。

图 6-22　问卷发布推广方式

(4) 汇总与分析调查结果。

① 在账户页面选择调查表，鼠标悬停在“分析&下载”按钮，点击“统计&分析”选项，如图 6-23 所示。

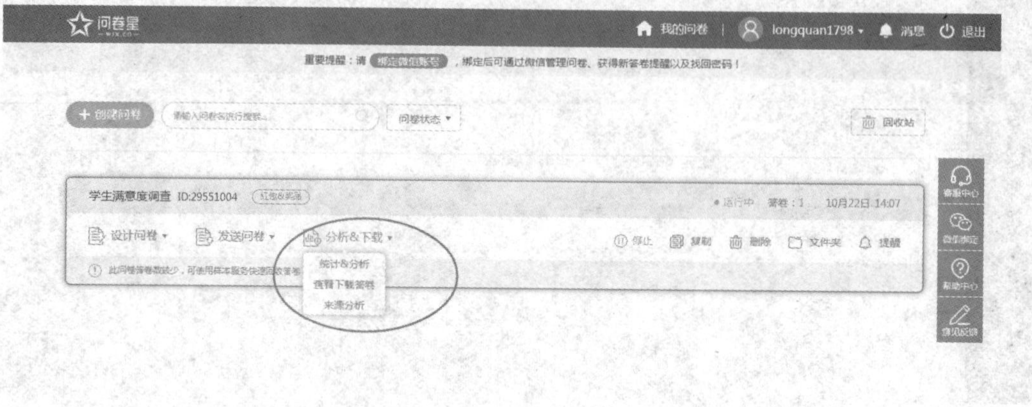

图 6-23　了解调查结果

② 查阅调查结果，点击下方“下载此报告”按钮，为避免文件传输过程中内容混乱和便于打印，选择“Word 文档(.doc)”和“A4(适合打印)”选项，如图 6-24 所示。

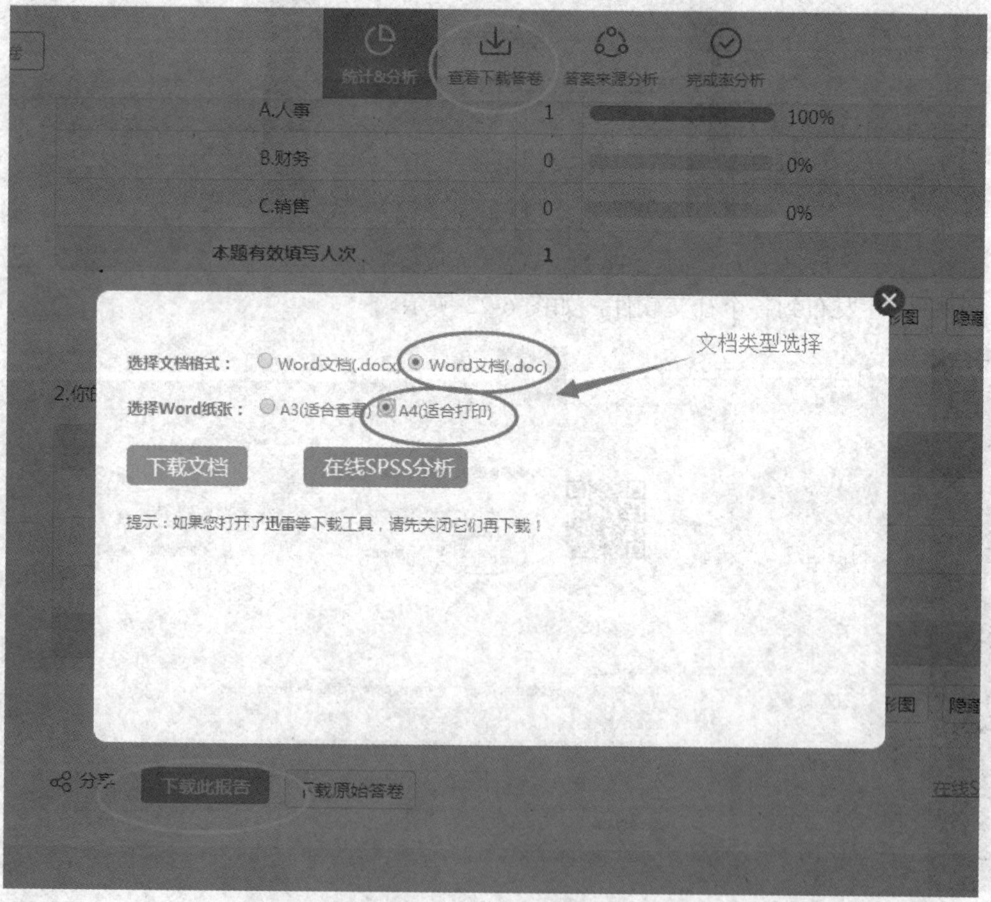

图 6-24　下载报告

③ 如需查看各份答卷，点击上方“查看下载答卷”，根据需求选择下载数据，如图 6-25 所示。

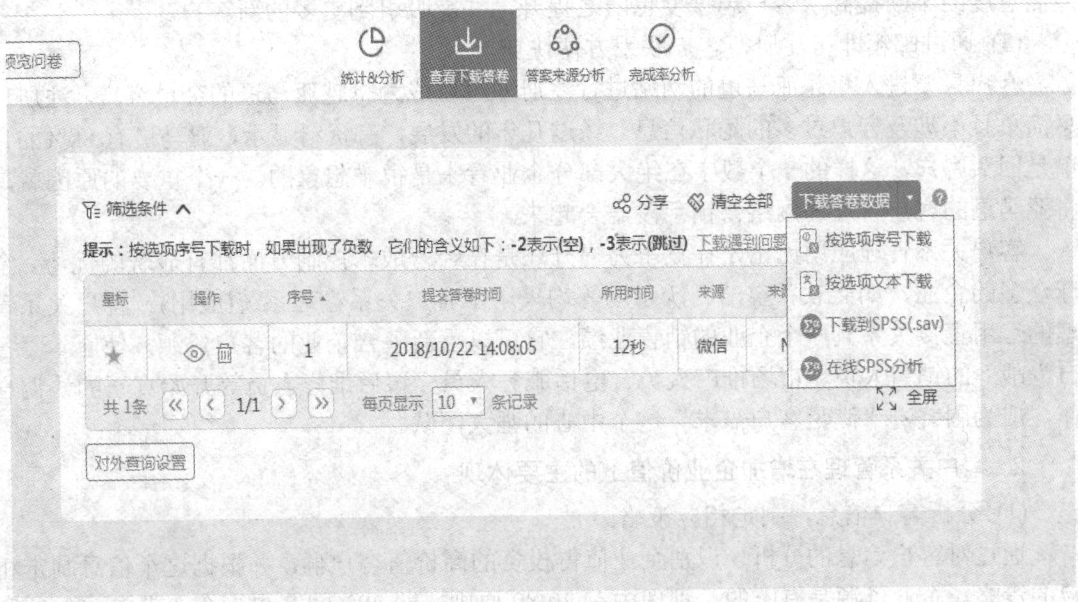

图 6-25　下载答卷数据

6.5　电子商务平台客户关系管理案例

信息技术的飞速发展为电子商务平台提供了运用现代信息技术、网络技术进行客户关系管理的现实可能性。客户资源不仅成为企业的一种战略资源，而且也改变了传统商业运作中接触客户、销售产品和服务客户的方式。这种新型的管理方式，打破了传统营销的固有格局，开辟了网络营销中客户之间的平等、互补以及共赢关系的崭新格局。

本小节以亚马逊的客户关系管理为例说明。作为一种与传统企业不一样的新型经营模式，亚马逊确实是一个“异类”，其“异”主要在于亚马逊的经营是通过网络来实现的，并在网络技术的支持下进行客户关系的管理，在此主要介绍面向中国客户的 B2C(Business to Customer)电子商务网站——亚马逊中国(也称卓越亚马逊)。

1. 亚马逊的客户关系管理的主要形式

(1) 通过网络管理客户关系，提高市场营销、销售、服务与技术支持领域的工作效率。

网络客户关系管理是通过网络与客户保持联系。对于网络覆盖区域而言，客户与卓越亚马逊的联系十分方便，客户只需要登录其网站就可以满足购物需求，并且网络客户关系管理人员 24 小时在线，提供全天候的服务，客户可以随时随地与管理人员联系。同时企业的客户关系维护成本低，只需要对网络系统进行维护以及更新即可，大量减少了企业的人员雇佣和其他的投资，节省了企业的管理和运营成本。

(2) 通过个体营销，改善客户体验和提升客户忠诚度。

对线上注册的客户进行行为跟踪、挖掘，针对热点，面向潜在客户适时地展开一对一的营销。客户可以选择自己喜欢的方式同卓越亚马逊进行交流，以方便获取信息，得到更好的服务。卓越亚马逊能够持续改善客户体验，根据客户的信息提供个性化服务，随着客户满意度的不断提高，客户忠诚度也随之提升，并能吸引到更多的新客户。

(3) 通过邮箱即可注册，客户联系方便快捷。

客户只要进入卓越亚马逊的网站进行注册即可以成为卓越亚马逊的会员客户，注册信息简单且不涉及客户过多的隐私信息。经过几年的发展，有资料显示，亚马逊有80%的订单是回头客户，这样的一个数字在绝大部分企业看来是很难想象的。一个重要的原因就是将亚马逊的客户管理和网络营销手段结合起来。

客户关系管理应用无论是在竞争力提升还是在经营成本控制方面都有显著的优势。全球众多的企业，如微软、宝洁、沃尔玛等均采用了客户关系管理系统(应用)。客户关系管理的运用直接关系到一个企业的销售业绩，它可以重新整合企业的客户资源，使原本“各自为战”的销售人员、市场推广人员、电话服务人员、售后维修人员等开始真正的协调合作，成为围绕着“满足客户需求”这个中心的强大团队。

2. 客户关系管理在增加企业价值上的主要体现

(1) 分析客户信息，制定相应策略。

通过对客户信息的分析，识别企业值得投资的高价值客户群，并根据这个信息制定相应的策略。企业资源是有限的，管理中有20/80原则，即20%的客户为企业带来80%的利润，忠诚、持久而稳定的客户群是企业最宝贵的资源。

(2) 整合客户资源，提升服务水准。

通过对客户资源的整合，在企业内部达到资源共享，从而为客户提供更快速更周到的优质服务，吸引和保持更多的高质量客户。如何使客户满意并成为忠诚客户，这是企业盈利的核心问题。企业应能够掌握客户的一切信息，可以有的放矢地提供及时、周到、优秀的客户服务，使企业通过实现客户价值的最大化、客户服务的最优化来实现企业利润的最大化。

在实际操作中，触发中心和挖掘分析中心是客户关系管理的两个重心所在，但它们并没有一个清晰的分界。客户关系管理是由触发中心开始的，同时也是进行挖掘分析的前提和基础，客户关系管理重在对客户数据的挖掘分析，两者的关系是相辅相成，不可分割的。

21世纪是一个科技高速发展的时代，随着网络的逐步普及，网络技术的逐步成熟，网络营销必将成为企业营销的主旋律。企业将企业的客户数据库与网站有机地连接起来，就可以根据客户对网页浏览的顺序、浏览过的商品种类、停留的时间长短为客户建立个人档案，从而能够识别出具有相似浏览习惯的客户。同时，企业的内部管理系统应该和电子商务前端的客户关系管理很好的连接起来，这样的话，不管客户从哪个渠道进来都可以被迅速连接到企业的后台管理系统。企业的业务运作以及网站的运作都应该围绕着客户需求这一中心，遵循客户的浏览习惯，有效地提高客户的忠诚度。基于一体化的网络数据库系统完全将企业客户关系管理系统中的业务、决策支持和营销系统整合成一个一体化的数据库应用形式，对企业日常工作而言也是极大的辅助。一个系统性的整合营销体系能够极大地提高企业的营销能力和销售业绩。

思考与练习

一、单选题

1. (　　)是企业在客户未接触产品之前所开展的一系列刺激客户购买欲望的服务工作。

A. 售前服务　　B. 售中服务

C. 售后服务　　D. 客户关系

2. 要成功地给客户带来优质的服务体验，首先要提升的是(　　)

A. 工作时间　　B. 产品质量

C. 服务意识　　D. 对制度的了解

3. 以下不属于常见的客服影响因素的是(　　)。

A. 响应时间　　B. 服务态度

C. 专业知识　　D. 物流快慢

4. 客服人员说服客户常用到的技巧不包括(　　)。

A. 使用夸张的语言表情表示活泼热情　　B. 树立对商品的自信心

C. 调节气氛，以退为进　　D. 投其所好，以心换心

二、问答题

1. 电子商务时代下客户关系管理的特点是什么？

2. 电子商务平台客户关系管理的流程有哪些？

3. 电子商务平台的客服工具千牛工作台有哪些改善服务体验的功能？

4. 电子商务平台的客服在服务技巧上需要注意哪些方面？

三、实训题

1. 结合前一阶段学生对网店客户进行的一轮客户关系管理的提升，在“问卷星”上发布客户满意度调查的问卷，对客户宣传此次调查活动。

2. 在规定的时间内确保回收不少于150份有效问卷，对回收的问卷进行分析并形成完整的客户满意度调研报告。

项目 7　处理客户服务压力的技巧

【学习目标】

(1) 了解压力产生的原因及对客服人员的影响；

(2) 学会压力的诊断方法和应对压力的基本原则；

(3) 掌握应对压力的方法和具体措施，熟悉减轻压力的技巧。

服务工作是一项与人打交道的工作，不同的客户对于服务有着不同的理解和看法，而服务的宗旨又是令客户满意，所以，客户服务工作会给服务人员带来不小的压力。要想成为一名优秀的客户服务人员，应该能够正确看待自己面临的工作压力，并分析形成压力的原因，从而找出合适的应对方法。

7.1　压力与压力的产生

7.1.1　压力与压力产生的原因

在日常工作中，经常听到有人抱怨：压力太大！那到底什么是压力，又是什么造成了压力？压力是现代社会人们在心理和情绪上最普遍的体验。所谓“人生不如意十之八九”，谁的人生都不可能是一帆风顺的，坎坷挫折时有发生，面对种种不如意时，人们常常会焦虑不安，内心体验到巨大的压力。压力存在于社会生活的各个方面，人人都经历过，例如第一次上台演讲、第一次求职面试、亲人患病或死亡、工作变动或丧失等都会带来压力。虽然承受压力是生活中不可避免的事情，但是过度的压力总是与紧张、焦虑、挫折联系在一起，久而久之会破坏人的身心平衡，造成情绪困扰，损害身心健康。

临床心理学家发现，溃疡病的主要起因就是心理压力。溃疡病患者往往具有同样的特点：努力拼命工作，总是担心工作不完美，担心自己能力不够，经常体验到无助感等。癌症和心脏病的发作也与心理压力有着密切关系。由此可见，心理压力对人身心健康的影响是广泛而普遍的。

1. 压力的概念

压力(Stress)在心理学上也叫应激，这一概念最早于 1936 年由加拿大著名的生理心理学家汉斯·薛利(Hans Selye)提出，他认为压力是表现出某种特殊症状的一种状态，这种状态是由生理系统中因刺激所引发的非特定性变化而形成的。

关于压力的解释很多，其中有代表性的论述如下：

(1) 拉扎鲁斯(Lazarus)认为压力是个人与环境中的人、事、物的一种特别关系。他认为环境只有被个体评价为对自己构成伤害、威胁或挑战时才构成压力。

(2) 艾利斯(Ellis)认为压力来自人类的内部认知系统，压力源与个人的认知系统和价值系统有关。

(3) 谢尔耶(Selye)认为压力是个体应对“外在需求”的一种特定的生理反应历程。

(4) 坎伯斯(Compas)提出压力源的三种类型：① 紧急压力源；② 长期慢性压力源；③ 人际互动压力源。

心理学上把压力定义为：个体在生理和心理上感受到威胁时的一种紧张状态。压力由压力因素和压力反应组成：压力因素是因人而异的，譬如对甲来说考试不及格是种奇耻大辱，但对乙来说可能无关紧要；而压力反应则是每个人对压力因素采取的习惯性的反应模式，它是因人而异、千姿百态的。

根据以上对压力概念的解释，结合当代其他科学文献，我们认为压力至少有三种不同的含义。

(1) 压力指那些使人感到紧张的事件或环境刺激，如一份压力很大的工作。

(2) 压力指的是一种身心反应。比如有人说“我要参加演讲比赛，我觉得压力好大”，这里他就用压力来指代他的紧张状态，压力是他对演讲事件的反应。这种反应包括两个成分：一个是心理成分，包括个人的行为、思维以及情绪等主观体验，也就是所谓的“觉得紧张”；另一个是生理成分，包括心跳加速、口干舌燥、胃部紧缩、手心出汗等身体反应。这些身心反应合起来称为压力状态。

(3) 压力是一个过程。这个过程包括引起压力的刺激、压力状态以及情境，所谓情境是指人与环境相互影响的关系。根据这种说法，压力不只是刺激或反应，而是一个过程，在这个过程中个人是一个能通过行为、认知、情绪的策略来改变刺激物带来的冲击的主动行动者。面对同样的事件，每个人经历的压力状态程度却有所不同，就是因为个人对事件的解释不同，应对方式也不同。

“水能载舟，亦能覆舟”是对压力很贴切的形容。适度的压力能给人前进的动力，让人保持警觉，保持一个较好的状态。而过度的压力犹如压力不足一样，也会影响个人表现，短期压力突然过大，能够将人击倒甚至让人崩溃。每个要求进步、积极进取的人都会对自己有严格的要求，希望自己能将事情做得更好、自己的表现更优秀，因此一旦当某件事对他来说是有难度的，让他感觉完成得不完美或自己似乎不能解决这个问题的时候，压力自然而然地就产生了。有压力不见得是坏事，可能是好事，是我们要求上进的一种基本表现，我们的目的就是克服压力的不利之处，将它转化成前进的动力！

2. 压力的症状

为了能有效地管理压力，我们还需要了解压力承受者在生理、情绪、行为、精神及心理方面出现的症状。压力的主要症状如下：

(1) 生理方面：心悸和胸部疼痛，头痛，掌心冰冷或出汗，消化系统问题(如胃部不适、腹泻等)，恶心或呕吐，免疫力降低等。

(2) 情绪方面：易怒、急躁、忧虑、紧张、冷漠、焦虑不安、崩溃等。

(3) 行为方面：失眠，过度吸烟喝酒，拖延事情，迟到缺勤，放弃娱乐活动，嗜吃或厌食，吃镇静药等。

(4) 精神方面：注意力难以集中，表达能力、记忆力、判断力下降，持续性地对自己及周围环境持消极态度，做事优柔寡断等。

(5) 心理方面：消极、厌倦、不满、生气、冷漠、得过且过、健忘、幻想、心不在焉等。

如果长期对这些症状视而不见，它们就会严重地危害我们的健康甚至危及生命。另外，这些症状还会影响我们的工作效率，从而影响到与老板、同事间的关系。如果只是出现其中一种症状，就没有必要太担心，但是如果多种症状同时出现，则说明健康已亮起了红灯，就必须寻求帮助，可以找上级主管要求他们重新给我们安排工作、提供额外培训或多分配一些设备或外援来帮助我们完成工作。另外，也可以去看医生。

3. 压力产生的原因

压力产生的原因是复杂的，我们将这些具有威胁性或伤害性并因此带来压力感受的事件或环境称为压力源。生活中的压力源可能存在于人们自身，也可能存在于环境中。但是，人际关系是造成压力的最主要来源。心理学家在研究中对造成压力的各种生活事件进行分析，提出了四种类型的压力源。

1) 躯体性压力源

躯体性压力源是指通过对人的躯体直接发生刺激作用而造成身心紧张状态的刺激物，包括物理的、化学的、生物的刺激物。如过高或过低的温度、微生物、变质食物、酸碱刺激等，这一类刺激是引起生理压力的主要原因。

2) 心理性压力源

心理性压力源是指来自人们头脑中的紧张性信息，例如心理冲突与挫折、不切实际的期望、不祥预感以及与工作责任有关的压力和紧张等。心理性压力源与其他类型压力源的显著不同之处在于它直接来自人们的头脑中，反映了心理上面临的障碍。生活中的压力事件处处可见，但为什么有的人无动于衷，有的人却耿耿于怀，区别常常源于人们对压力的认知不同。如果过分夸大压力的威胁，就会产生一种自我验证的预言：我会失败，我应付不了。长此下去，会产生所谓的长期性压力感。

3) 社会性压力源

社会性压力源主要指造成个人生活方式上的变化，并要求人们对其做出调整和适应的情境与事件。社会性压力源包括个人生活中的变化，也包括社会生活中的重要事件，个人生活的改变常常会给人带来压力。在 1969 年，心理学家霍曼和瑞希(T.Holmes&R.Rahe)编制的“生活改变与压力感量表”，列出了 43 种大部分人都可能经历的生活事件，由 400 位不同职业、身份阶层、年龄的人对这些事件产生的压力大小打分，发现其中 24 个项目直接与家庭内人际关系的变化有关。

4) 文化性压力源

文化性压力源最常见的是文化性迁移，即从一种语言环境或文化背景进入另一种语言环境或文化背景中，使人面临全新的生活环境、陌生的风俗习惯和不同的生活方式，从而产生压力。若不改变原习惯，适应新的变化，常常会出现不良的心理反应，甚至积郁成疾。例如，留学生如果缺乏对环境改变所应有的心理准备，没有一定的外语水平，在异域文化背景下就难以适应新的环境，从而形成压力。

4. 影响压力的因素

压力是由刺激引起的，不良的刺激会引起压力，愉悦的刺激也会带来压力。生活中压力是自然的、不可避免的，但每个人感受到的压力是不同的，即使是面对同样的刺激，不同的人感受到的压力也不同。为了生存、成长和发展，我们必须学会有效地处理压力，以减轻过度压力给我们身心所带来的伤害。

不同的人感受到的压力有很大差异，差异产生的主要原因可以归结为以下几个方面。

1) 经验

当面对同一事件或情境时，经验会影响人们对压力的感受。对两组跳伞者的压力状况进行调查发现，有过 100 次跳伞经验的人不但恐惧感弱，而且会自觉地控制情绪；而无经验的人在整个跳伞过程中恐惧感强，并且越接近起跳越害怕。同样的道理，一帆风顺的人一旦遇到打击就会惊慌失措，不知如何应付；而人生坎坷的人，同样的打击却不会引起重大伤害。可见，积累的挫折经验能增强抵抗压力的能力。

2) 准备状态

对即将面临的压力事件是否有心理准备也会影响压力的感受。心理学家曾对两组接受手术的患者做实验。对其中一组在手术前向他讲明手术的过程及后果，使患者对手术有了准备，患者将手术带来的痛苦视为正常现象并坦然接受；另一组不做特别介绍，患者对手术一无所知，对术后的痛苦过分担忧，对手术是否成功持怀疑态度。结果是手术后有准备组比无准备组止痛药用得少，而且平均提前三天出院。因此，有应付压力的准备也是减轻伤害的重要因素。

3) 认知

认知评估在降低压力感和缓解压力中有着重要作用。同样的压力情境使有些人苦不堪言，而另一些人则平静地对待，这与认知因素有关。当一个人面对压力时，在没有任何实际的压力反应之前会先辨认压力和评价压力，如果把压力的威胁性估计得过大，把自己应对压力的能力估计得过低，那么压力反应必然也大。例如，你在安静的书房看书，忽然听到走廊里响起一串脚步声，如果认为是将要入室抢劫的坏人来了，就会感到惊慌恐惧，如果认为是朋友全家来拜访，就会感到轻松愉快。正如一位哲学家所说，“人类不是被问题本身所困扰，而是被他们对问题的看法所困扰”。

对压力的认知评估可以分为两个阶段。初步评估是评定压力来源的严重性，二级评估是评定处理压力的可能性。如果压力严重，又无可利用的应付压力的资源，必然产生一种持续性的紧张状态。

4) 性格

不同性格特征的人对压力的感受不同。那些竞争意识强、争强好胜、缺乏耐心、成就动机高、说话办事讲求效率、时间紧迫感强、成天忙忙碌碌的 A 型性格特征的人，在面对压力时性格中的不利因素就会显现出来。因而 A 型性格与冠心病有密切的关系：研究发现，A 型性格者患冠心病的人数是 B 型性格者的 2～3 倍。B 型性格的特征是个性随和，生活悠闲，对工作要求不高，对成败得失看得很淡。

5) 环境

个人的压力来源与其所处的小环境有直接关系，小环境主要指工作单位或学校及家庭。工作过度、角色不明、支持不足、沟通不良等都会使人产生压力感，家庭的压力常常来自夫妻关系、子女教育、经济问题、家务劳动分配、邻里关系等。如果工作称心如意，家庭和睦美满，来自环境的压力必然小，自然而然地会感到心情舒畅、身心健康。

7.1.2 客户服务中的压力

压力成为当今工作效率低下的罪魁祸首。由于受到各方面因素的影响，客户服务人员会时刻感到压力的存在。美国的许多研究一致表明，客户服务是美国十大最具压力的职业之一，这是因为客户服务人员每天都要面对大量的客户并处理大量的问题，这些都要求运用多种技能并且灵活应对各种状况。美国(职业)压力协会(The American Institute of Stress)指出，客户服务人员仅次于航空管制官、城区高中教师、警察，是第四个最具压力的职业。而耶鲁大学进行的另一项研究则把客户服务列为第八大最具压力的职业。

据美国职业压力协会估计，压力以及其所导致的缺勤、体力衰竭、神经健康问题，每年耗费美国企业界 3000 多亿美元。在英国，由此造成的损失估计每年为 220 亿美元。目前在中国，虽然还没有专业机构对因职业压力为企业带来的损失进行统计，但北京易普斯企业咨询服务中心的调查发现，有超过 20%的员工声称“工作压力很大或极大”。据初步估计，中国每年因工作压力给企业带来的损失，至少有上亿元人民币。

压力与所有导致死亡的病因都有关，包括心脏病、癌症、肺病、意外事故以及自杀。解决压力是当今社会关乎健康的重要议题，所以，企业应该进行有效的压力管理，减少工作压力给企业造成的损失。

7.1.3 导致压力产生的因素

从某种意义上讲，人们在生活中要面临各种各样的压力，工作中有许多因素会给人造成压力。下面我们将讨论其中的一些因素。

客户服务人员面临的压力主要有 5 个方面：客户因素、市场因素、公司因素、个人因素和环境因素。

1. 客户因素

1) 客户期望值的提升

企业的服务水平比以前已经有了很大的提升，但是产品、服务的价格却随着行业竞争的加剧而不断下降。总之，客户现今用同样的钱可以享受到更多、更好的产品或服务，但客户的满意度却没有提升，甚至下降。有人形容“现在的客户就像被惯坏的孩子”，其中的原因就是客户对于服务的期望值越来越高了，同时客户的自我保护意识也在加强。客户期望值的提高与行业竞争的加剧是分不开的，客户每天都被优质服务包围着，所以，客户对服务的要求也就越来越高了。

2) 服务失误导致的投诉

在客户投诉的处理上，可以通过一些技巧很好地化解客户的抱怨。但是，有些投诉是非常难解决的，像服务失误导致的投诉就属于其中一类，比如飞机延误给顾客造成损失，尽管机场会按保险金额赔给客户，但是客户的实际损失却是机场不能弥补的。因服务失误而给客户带来的损失无法完全弥补，这个时候，客户服务人员必须就客户的不满和抱怨向其致歉，但是，并不是所有的顾客都会接受致歉。所以，如何有效处理因为服务失误而导致的投诉给客户服务人员带来了巨大的压力。

3) 不合理的客户需求

有时候客户提出的不合理要求也会给客户服务人员造成很大的压力。公司不允许那么做，客户却偏要那么做，满足了客户需求，就违反了公司规定；但是遵守了公司规定，又得罪了客户。所以，如何在遵守公司规定的前提下，让客户接受自己的合理解释，就成了客户服务人员要解决的一道难题。

2. 市场因素

1) 同行业竞争加剧

这是一个鼓励竞争和允许充分竞争的年代，所以，没有哪个能赢利的企业会一直没有竞争对手出现。竞争导致的结果就是企业要做得越来越好，提供的产品或服务要变得越来越优质，所以，企业对客户服务的重视程度提高，客户服务人员的工作压力也在不断地增大。

2) 服务需求波动

几乎所有的行业都会有服务的高峰期，当高峰期出现的时候，由于要服务的客户人数众多，服务人员的服务热情就很难维持，毕竟在频繁的服务中体力、心力和智力都在不断消耗。但客户不会理解这些，他们要求在高峰期的时候同样能享受到优质的服务，如果享受不到就会表示不满，向客户服务人员施压。因此，如何在客户服务的高峰期也能提供令客户满意的服务是客户服务人员必须承受的压力之一。

3. 公司因素

1) 不合理的工作目标

对于大多数公司来说，工作目标的完成情况是评估员工工作的一项重要指标。目标分为两种，个人目标和公司目标。员工的个人目标是否达成很有可能会影响公司目标的实现。

许多公司在制定工作目标时极少或根本不考虑员工的个人目标。如果公司制定了不切实际的业绩目标后，员工不能如期完成，公司就要把全部的责任归咎于员工，有些公司甚至还要将未完成工作的员工名单公布给公司上上下下所有部门。所有这些做法都可能会使员工心生不满，士气受挫。

2) 超负荷的工作

客户需求的变动会给客户服务人员带来超负荷工作的压力。现在很多公司的客户服务人员都在超负荷的工作压力之下一个人干两个人的工作。需求的变动使企业很难按照客户的需求来安排自己的服务，所以如何调整心态、提升解决难题的能力，能更好地在超负荷的工作压力下提供优质的服务，是客户服务人员面临的又一个挑战。

3) 工作不安全感

公司做出一些重大调整时，员工经常会在一段时间内有种不安全感。这种情况的发生，大多时候是人的本性问题使然。公司管理层的失职也往往会造成员工的这种不安全感，因为他们没有与员工进行充分而有效的沟通。另外，一些不稳定的行业或人才市场也会发生这种情况。

4) 工作结构

有些公司的工作结构要求员工不停地变换工作或加班加点来完成任务，这样会给员工造成很大的压力，并且可能会给员工的身体或精神带来副作用。采用这种工作结构可能是实行等级制度的公司，也可能是以团队为基础的公司，会对员工产生一定的不良影响。

5) 会引发冲突的诉求

在当今竞争激烈的环境下，大多数员工都担负着多重责任。尽管大多数时候员工能顺利地完成工作，但是有时候也会达不到自己的期望和要求。之所以发生这种情况，主要是员工工作中的需求和努力往往会受到政策、计划以及无法控制的因素的限制。另外，员工的个人要求也会与其工作发生冲突。

6) 重复性工作

许多岗位要求员工整日做重复性的工作，例如数据录入、产品的生产、出纳以及呼叫中心的一些工作。这些工作缺少变化、枯燥乏味，而且很少或根本不能给员工提供发挥主动性的机会。这种情况下员工往往会士气低下、消极怠工。

7) 权力受限

对客户服务人员和客户来说，最尴尬的场面莫过于客户服务人员因权力受限而不能及时作出决策或为客户提供帮助，这时候员工会感到非常无奈。例如，一位客户打电话或找上门来要求退款，而你身为客户服务人员却又无权做主，这很容易导致你和客户之间发生冲突甚至可能会因此给公司造成巨大损失。

8) 缺少发展机会

员工缺少发展机会不但对员工不利，而且对公司的发展来说也是一大障碍。它会挫伤员工的工作热情，扼杀他们的创造性和主动性。

4. 个人因素

1) 服务技能不足

客户服务是一个充满压力的职业。它要求客户服务人员既要具有广博的知识，又要拥有灵活处事的能力。如果不能掌握应付各种突发问题的技巧，不能了解客户的多样性，那将给自己和客户增加不同程度的压力。

服务工作看似简单，实际上却并不简单，尤其是在处理很棘手的顾客问题时，并不比攻克一个科研难关容易多少，比如说处理客户投诉。服务技能的不足不但使客户服务人员不能从工作中得到满足感，而且常常会有失望、沮丧感，这给客户服务人员造成了很大的心理压力。

2) 人际关系

人不可能在工作时与世隔绝。由于人际关系不和谐，人们相互之间缺乏信任、支持和理解的工作环境，常常导致员工精神上的压力，而由此产生的矛盾与冲突也会引发工作压力。因此，保持良好的人际关系是减轻工作压力的办法之一。

3) 营养与身体状况

主要包括生理、心理健康。员工身体的营养状况对其感知能力、工作精力和应变能力都有很重要的影响。

4) 财政问题

一方面，收入低时要面对生活压力；另一方面，收入高时可能要面对请客、帮助他人等方面的压力。人们在收入上经常和个人以往收入进行纵向比较以及和社会平均收入水平进行横向比较，使得经济收入成为影响员工压力的重要因素。如果客户服务人员终日被财政问题困扰，那么在为客户服务时，工作效率势必会下降。

5) 缺少自我空间

工作再忙，客户服务人员也要拥有属于自己的空间，这样才会有益于心理健康。有时工作的压力和家庭责任会让人喘不过气来。如果正好遇到了一个棘手的客户服务问题时，员工、公司和客户也许都会被殃及而产生心理问题。

6) 疲劳过度

工作的竞争、对工作安全感的忧虑、资金过度透支，许多公司精简机构、裁员以及其他各种因素，使许多员工都不得不把更多的时间投入到工作中，这样一来生活的其他方面势必受到影响。

5. 环境因素

1) 人为因素

周围同事的行为方式、情绪状态、合作态度都可能会在一定程度上给我们造成压力。

2) 客观环境

工作环境中的噪声、气味、灯光的明暗、天气的冷暖都有可能给工作带来较大的不良影响，使客户服务人员无法高效率地工作。

上面我们介绍了客户服务人员面临的各种压力。对丁　线的客户服务人员来说，如果不能很好地改善这些压力，就无法提供令客户满意的优质服务。从另一个角度来讲，企业也无法获得真正的服务竞争优势。

7.1.4　工作压力对客户服务人员的影响

客户服务人员在面对工作压力时，如果其内心压力不能得到有效的调节，就会对其产生很多不良影响，主要表现如下：

(1) 失去工作热情。当工作压得人喘不过气的时候，相信任何人都无法保持工作热情，有的时候甚至会对工作产生厌倦感。

(2) 情绪波动大。当一个人被巨大的压力笼罩时，任何其他小事都可能会导致其发脾气。所以，压力大的人常常被形容为“火药筒”——一点就着。

(3) 身体受损。压力还会给人们的身体带来损伤，常见的症状有心悸、胸部疼痛、头痛、掌心冰冷或出汗、消化系统问题(如胃部不适、腹泻等)、恶心或呕吐、免疫力降低等。

(4) 影响人际关系。许多人都说，不应该把工作带回家，尤其是工作中的压力。但是又有几个人能真正做到呢？所以，在工作中有压力的人，他的家人、朋友通常也要跟着承受这种压力。开始大家会给予他谅解和帮助，但是时间久了，就会对人际关系有不良影响。

7.2　处理压力的技巧

7.2.1　压力的诊断

1. 期望误区诊断法

个人对自己的职业发展会有一个潜在期望值，单位也对员工有一个期望值。但在实际工作中，两个期望中只要有一个期望没有实现，就会存在“压力”。针对这种情况，建议员工进入企业后，列个表单，将自己的期望、实现条件、实现时间等罗列出来，同时根据企业的要求(如工作分析、业绩指标等)也罗列一个表单，经常地对照自己工作的完成状况，如果发现其期望值的走势呈下坡趋势时应引起警惕，同时找出期望值没有实现的主客观原因，并诊断自己有无改进的可能。

2. 职位完美性诊断法

每个职位的工作内容都是丰富、多元化的，在同一职位重复机械地做同样的工作会令人觉得乏味，同样，企业要求员工尽可能地做到完美以及不断提升业绩，这也是“面对挑战”“压力管理”“创新”等的由来。针对这些，建议客户服务人员也画两个圈，如图 7-1 所示，第一个圈里填满自己的职业完美内容(如职业技能、薪资要求、成就感等)，另一个圈里填单位认为的优秀员工标准(如胜任条件、对企业的贡献等)，然后根据自己的实力来判断两者之间的可能性(如人际关系、工作状况、绩效成果等)，假如觉得是相当稳定或者呈上升阶段，说明你可以继续在单位工作。

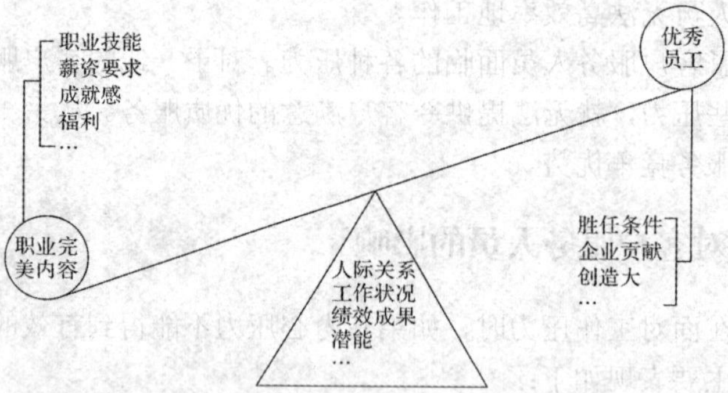

图 7-1　职位完美诊断

3. 环境变化诊断法

现在的企业变革很快，环境变化往往比计划快，不过环境的变化往往也是有迹象的。你应及时了解所在岗位在本单位的作用，你是否能适应企业文化、人际关系，你所在职位的市场行情变化，你在主管眼里的地位等，也就是说，要掌握你眼里的“你”、单位眼里的“你”、社会眼里的“你”在职位方面的各种变化。同时明白，你眼里的“你”是掌握主动的，单位眼里的“你”是处于被动的，社会眼里的“你”是供你参考的。

4. 风险性诊断法

假如碰到问题时，往往用四个“？”来判断，即发生什么问题？产生问题的原因是什么？解决问题的方案有哪些？最佳方案是什么？尽可能找到对意外恐惧的理性答案，认识到习惯思维、价值标准往往是过去式，用过去式解决现在式的问题就需要进行判断与反思，这样才能帮助我们找到问题的理性答案。如图 7-2 所示。

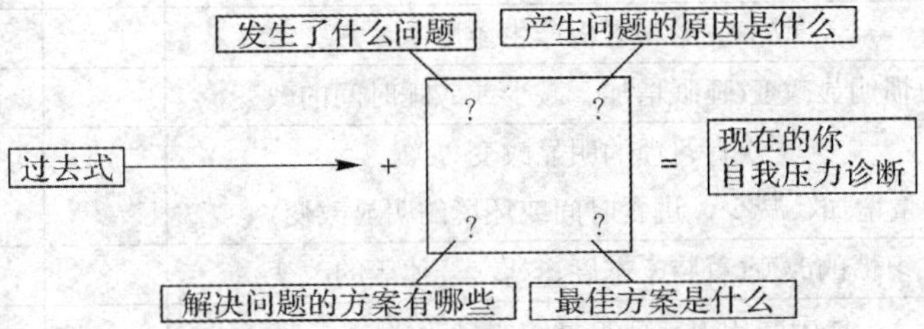

图 7-2　心态与意外诊断法

5. 价值标准变迁诊断法

根据马斯洛需求层次理论，每个人的最低层次的需求都是从生存开始的，但不同的人在不同人生阶段其需求层次是潜移默化地往上递增的，同时往往会受到某些诱惑而对自己的真正需求变得盲目起来。这些诱惑可能来自成就压力、攀比心理、对其他职业不切实际的幻想、对自己不切实际的要求等，从而忽略自己的本质追求，往往导致自己疲于奔命、压力重重却事倍功半。

6. 近期压力事件表

近期压力事件表是确定压力源的一项非常有效的技术，它可以帮助你认识到你可能正在承受的长期压力水平。压力事件表的原则是考察你在过去一年里经历过的重要事件，并对每个事件进行评分，然后把这些分数相加，其总分就显示了你在过去一年里的主要压力值，如果你的得分非常高，你就应该尽可能地使你的生活保持稳定，并维持在一种低压状态。否则，你就很可能受到压力相关的疾病或职业枯竭的困扰，并因为高压力而导致烦躁、不悦、工作绩效降低等症状。

该事件表由托马斯 •福尔摩斯(Thomas Holmes)博士等人在研究了患者的健康状况与他们近期经历的生活事件之间关系后提出。在该研究中，得分低于 150 的人在未来一段时间得病的可能性较低(30%)，而得分高于 300 的人得病的可能性很高(80%)，其他研究者进行的许多后续研究也支持了这个方法。但这一方法仍在不断地改善中，并被越来越多的临床专家的应用在工作中。

近期压力事件表是一个包括日常生活中 42 个最重要压力事件的列表(如表 7-1 所示)。你可以使用该表来找出你在过去的一年所承受的压力。在填表的时候，应在“次数”一栏里填入一年来某个事件发生的次数，如果超过四次，就给 4 分。例如，如果你在去年很幸运地度过四次假，就在第 37 行填入“4”。在填入次数以后，把该次数与“平均值”一栏中的数值相乘，就得到这类事件的分数。把所有事件的分数相加，就得到总分。在上例中，如果你在一年里度假 4 次，你就会得到 52 分。

不同的人有不同的压力应对风格，对同样的压力源感受到的压力水平也不尽相同。但如果你的得分超过 200，就表明你正承受着较高水平的长期压力。你可能面临职业枯竭的危险，长期的压力还可能影响你的健康。如果你的得分超过300，你就应该特别关注你的压力问题了。

表 7-1　近期压力事件表

编号	事　件	次数	平均值(乘以平均值得事件分数)	事件分数
1	或多或少与老板产生矛盾		×23=	
2	睡眠习惯明显改变(睡眠增加、减少或入睡时间的改变)		×16=	
3	饮食习惯的明显改变 (食量增加、减少，进食时间或环境的明显改变)		×15=	
4	个人习惯的改变(着装、态度、社交群体等的改变)		×24=	
5	休闲娱乐方式或总量的明显变化		×19=	
6	社会活动的明显改变 (参加社团、跳舞、看电影、拜访他人等的改变)		×18=	
7	礼拜活动的明显改变(比以前参加的更多或更少)		×19=	
8	家庭聚会次数的明显改变(比以前增加或减少)		×15=	
9	经济状况的明显改变(变好或变坏)		×38=	
10	与姻亲成员产生矛盾		×29=	
11	与配偶争论的次数发生改变 (比以前更多或更少地对子女抚养、个人习惯等问题进行争论)		×35=	
12	性生活不协调		×39=	
13	较大的人身伤害或疾病		×53=	
14	家庭近亲成员的离世(非配偶)		×63=	
15	配偶死亡		×100=	
16	好友离世		×37=	
17	获得新的家庭成员(通过生育、收养、老人搬进等方式)		×39=	
18	家庭的健康行为发生明显的改变		×44=	
19	搬家		×20=	
20	被监狱或其他机构拘留		×63=	
21	较轻的违法行为(驾车违规、扰乱秩序等)		×11=	
22	重大的商业调整(合并、重组、破产等)		×39=	
23	结婚		×50=	
24	离婚		×73=	
25	与配偶分居		×65=	
26	杰出的个人成就		×28=	
27	儿女离家(结婚、上大学等)		×29=	
28	退休		×45=	
29	工作时间或条件的明显改变		×20=	

续表

编号	事　　件	次数	平均值(乘以平均值得事件分数)	事件分数
30	工作职责的明显改变(升迁、降职或调任等)		× 29 =	
31	被解雇		× 47 =	
32	生活条件的明显改变(搬进新房或租更好的房子等)		× 25 =	
33	配偶开始或停止工作		× 26 =	
34	通过抵押或贷款进行投资(买房、做生意等)		× 31 =	
35	通过贷款购置稍小的物件(如电视、冰箱等)		× 17 =	
36	丧失抵押或贷款赎取权		× 30 =	
37	休假		× 13 =	
38	转学		× 20 =	
39	转行		× 36 =	
40	开始或终止正式的学校学习		× 26 =	
41	与配偶的婚姻和解		× 45 =	
42	怀孕		× 40 =	

7. 压力日记

压力日记是了解短期压力的一项重要技术，它可以帮助你认识到自己的压力应对方式，以及你所能适应的压力水平。压力日记建立在这样一个基本原则上：你能对正在经历的与压力有关的信息进行记录，然后你可以对这些压力进行分析与管理。这一点相当重要，因为你很可能常常忽略了这些压力，没有给它们足够的关注。

除了帮助你认识、分析生活中最主要的压力源，压力日记还可以帮助你理解：更详细的压力源信息、最有利于工作绩效的压力水平、你的压力应对方式以及该方式是否恰当、有效等。

压力日记是一项非常有用的压力管理技术，它们可以定期有规律地收集信息，帮助你把日常压力和偶然出现的压力区分开来。

采用压力日记这种技术以后，在很短的时间内，你就可以感受到它的帮助。但是，如果你的生活方式发生改变，或是你在将来又一次承受到较大的压力，那就应该重新用压力日记来记录你的压力，你会发现你面临的压力可能已经改变，再使用压力日记这种方法将有助你开发出新的压力应对策略。

其实还有很多种办法对自己的压力管理进行诊断，一个人在职场中也应有“自知之明”，凡事预则立，不预则废。自己的职业是要经营的，而不是顺其自然就行。

【知识链接】

心理压力测试

不要犹豫，看懂题意后马上做答，然后计分。

1. 你是否感觉工作负担过重，常常感觉难以承受，或喘不过气来？

A. 经常　　B. 有时候会　　C. 从来不会

2. 你是否感觉缺乏工作自主性，往往老板让做什么就做什么？

A. 经常　　B. 有时候会　　C. 从来不会

3. 你是否认为自己待遇微薄，付出没有得到应有的回报？

A. 经常　　B. 有时候会　　C. 从来不会

4. 你有没有觉得组织待遇不公，常常有受委屈的感觉？

A. 经常　　B. 有时候会　　C. 从来不会

5. 你是否会觉得工作上常常发生与上级不和的情况？

A. 经常　　B. 有时候会　　C. 从来不会

6. 你是否觉得自己和同事相处不好，有各种各样的隔阂存在？

A. 经常　　B. 有时候会　　C. 从来不会

7. 你是否经常在工作时感到困倦疲乏、想睡觉，做什么事儿都无精打采？

A. 经常　　B. 有时候会　　C. 从来不会

8. 你是否以前都很上进，而现在却一心梦想着去度假？

A. 经常　　B. 有时候会　　C. 从来不会

9. 你是否在工作上碰到一些麻烦事时急躁、易怒，甚至情绪失控？

A. 经常　　B. 有时候会　　C. 从来不会

10. 你是否在吃工作餐时感觉没食欲，嘴巴发苦，对美食也失去兴趣？

A. 经常　　B. 有时候会　　C. 从来不会

11. 你是否对别人的指责无能为力，无动于衷或者消极抵抗？

A. 经常　　B. 有时候会　　C. 从来不会

12. 你是否觉得自己的工作不断重复而且单调乏味？

A. 经常　　B. 有时候会　　C. 从来不会

把各题得分相加一下，其中选 A 得 5 分，选 B 得 3 分，选 C 得 1 分。

12～20 分，很幸运，你还没有患上职业倦怠症，你的工作状态不错，继续努力哦。21～40 分，你已经开始出现职业倦怠症的前期症状，要警惕，请尽快调整，你需要对自己的职业状况进行反思和规划，以提升你的职业竞争力。41～60 分，你很危险，你对现在的工作几乎已经失去兴趣和信心，工作状态很不佳，长此以往极不利于个人的职业发展，最好尽快向职业规划方面的专家求助。

7.2.2 避免压力的产生

礼貌待人，自信而又不咄咄逼人，适当表达感情等方法都有助于避免压力的产生。正如我们在其他项目中提到的，与客户进行积极有效的交流是客户服务工作制胜的关键。在与客户交往时，要倾听客户的心声，仔细捕捉客户的非语言暗示，并能适时地传递服务信息。这样有助于客户服务人员与客户建立起稳固的关系，同时也使客户服务人员及客户减轻了压力。下面介绍一些交流中需注意的问题。

1. 文明守礼

礼貌待人适用于生活中的许多场合，经常听到人说“嘴甜的人吃香”。所有这些可以归结于一点——尊重别人，方便自己，这对闹情绪的客户尤为适用。如果把客户敬如上宾，客户就会平静下来，从而使你的压力减小。至少，他们会开始为自己的失态感到尴尬，并且逐渐使自己的情绪稳定下来。

2. 适当反馈信息

当客户提出问题或发表看法时，员工仔细倾听并做出恰当的反应是至关重要的。如果未能做出适当的反应，很可能会惹恼客户，后果将一发不可收拾。其实客户和你一样，也承受着压力。他们来找你或你的公司不是来接受劣质服务也不是来买残次品的，更不是想为自己的生活增加压力，而是想满足自己的某些需要，使自己的生活更美好。如果你和你的公司使客户失望了，他们很可能被激怒或变得心烦意乱。一定要记住，无论客户的抱怨是否合理，都要认真听取并做出适当的回应，争取解决问题使客户满意。

3. 说话果断自信

如果客户的情绪很差，最好的办法是冷静、理智地留给客户空间，让其尽情发泄。这样做可以避免大家面对其他压力。另外，说话时一定要吐字清晰、充满自信、镇定自若。避免让自己被他人激怒，情绪产生波动。因为这样做只会使局势更加紧张，无益于解决问题。

4. 使用“我”词汇

“我”这个词的使用会让人听起来很舒服。它意味着客户服务人员肯负责任，乐于与人合作共同解决问题。假设有一位客户，抱怨在你这儿购买的笔记本电脑性能不好，同时，他还一个劲儿地说他朋友或同事在这儿也有过类似经历。这时，如果你的回答是“不是这样的……”将很可能使局势恶化；反之，如果你说“我不能保证，但是我相信如果您正确使用的话，那就一定没问题。请允许我向您演示一下正确的用法”，情况可能马上就会好转。这样既营造了一个和谐的气氛，又有利于问题的解决。同样如果用“请”这个词，会有助于得到客户的认可，让其乐于与你交谈。

5. 善于表达自己

如果不能对客户提出的问题做出反馈，或不能清楚地表达自己，那么就很容易给自己造成压力。如果某位客户给你带来了麻烦，你要考虑一下如何把问题讲出来，如何比较巧妙而专业地和他沟通，从而找到解决问题的方法，不要把不满都积攒下来，那样会破坏你与客户的关系。著名的管理顾问、作家肯尼斯·布兰查德(Kenneth Blanchard)把这种情况叫作“装麻布袋(Gunny sack)”，是指人们把平日里的不满情绪统统装进一个想象中的麻袋里，然后背在身上，这种做法是在积累怨恨。我们经常看到，在某些情况下，一件不起眼的小事会成为导火索，让你把平日积攒的所有不满与怨恨一股脑全发泄出来。你会劈头盖脸地向对方说，“我讨厌你那么做”或“你做的那件事，简直把我给气疯了”，而对方很可能会目瞪口呆，不知道发生了什么事情。这样做的结果是，你自己心里可能舒服了许多，可你们之间的关系很可能会大不如从前。

处理这种问题的方法是保持冷静，用理性思考，而不是积累怨恨最终一起爆发。另外，对方也有可能爆发，那就一发不可收拾了。相反，如果对方做的某件事情给你造成了困扰，你应该及时做出反应，应该同对方商讨这种行为它所产生的影响以及你对它的看法。然后，你应该听取对方的解释。另外，还可以提出一些适当的解决办法，并且告诉对方你很重视你们之间的友谊，不要小看这些简单的事情，做好这些有助于你与客户或他人之间构建良好关系。

7.3　应对压力的基本原则

国际上比较流行的减压原则是“3R 原则”，即放松(Relaxation)、缩减(Reduction)和重整(Reorientation)，也就是将减少遭遇压力源的机会、放松自己、重新调整要求或期望值三者结合起来，在已有的正面压力、自发压力与过度压力之间寻求一个平衡点。

客户服务人员除了运用“3R 原则”，还可以从以下几个方面来减压。

1. 多从积极、正面的角度考虑问题

悲观的人对着桌子上的半杯水，会难过地说：“还剩半杯水。”而乐观的人看到它，会快乐地说：“还有半杯水。”压力过度大部分是自己造成的，尤其是受到自我期望、价值观等的影响。也就是说，我们应当做自己情绪的主人，而不是被负面的想法牵着鼻子跑。

2. 保持身心愉悦

有些人觉得自己是万能的，像个机器人一样一刻不停地在奔走着，全年无休地工作。人必须建立有规律的生活作息习惯：该睡的时候不要熬夜，控制饮食和体重。同时，由于平时生活和工作多在狭隘的室内，因此一有闲暇时间，应该适时地远离电脑或网络，多到户外接近大自然，享受阳光洗礼，达到放松身心的目的。

3. 要有自己的社会支持系统

网络上曾经流传过关于“人生五个球”的文章，“我们每个人都像小丑，玩着五个球，这五个球分别代表你的工作、健康、家庭、朋友和灵魂，只有一个球是用橡胶做的，掉下去会弹起来，那就是工作。另外四个球都是玻璃做的，掉了就碎了”。这篇文章真的很耐人寻味，其主题就是告诉我们：工作不是全部，对于健康、朋友、家庭和灵魂，我们更该给予重视。

当每个人都有情绪沟通的渠道，不论喜怒哀乐都有人与你分享或听你倾诉时，就不会在心灵上觉得孤独无助。

4. 培养自己的放松技巧

人可以经过训练而掌握放松的技巧，如通过自我催眠、瑜伽、腹式呼吸法和肌肉放松训练等来学习放松，有些人练练书法、浇花、养鱼也可以达到放松的目的。不论其放松技巧如何，重点都在于享受一段沉静时光，使自己有机会反思、整合和再充电。

放松训练的方法主要有以下几种：

(1) 呼吸松弛法。以简单的深呼吸或松弛练习学会如何处理压力所造成的肌肉紧张和焦虑心情。

(2) 意念松弛法。想象一些令人心情轻松的意境，也可帮助我们在喧嚣的生活中获得片刻的宁静。

(3) 适当休息。在每天繁忙的生活中，小憩片刻，精神才会容易复原。

7.4　缓解工作压力的方法与措施

7.4.1　缓解工作压力的方法

1. 用积极的态度面对压力

在充满竞争的都市里，每个人都会或多或少地遇到各种压力。但是压力可以是阻力，也可以变为动力，就看自己如何去面对。社会在不断地进步，人在其中不进则退，所以当遇到压力时，明智的办法是采取一种比较积极的态度来面对。实在承受不了的时候，也不要让自己陷入其中，可以通过看看书、涂涂画、听听音乐等让心情慢慢放松下来，再重新去面对，到这时往往就会发现压力其实也没那么大。

有些人总喜欢把别人的压力放在自己身上。比如，看到别人升职、发财就会心情郁闷，为什么会这样呢？为什么不是自己呢？其实只要自己尽了力，做好自己的工作就行了，有些东西是急不来也想不来的，与其让自己无谓地烦恼，不如想一些开心的事，多学一些知识，让生活充满更多色彩。

2. 减压先要解开心结

有一则小寓言说，有一种小虫子很喜欢捡东西，在它所爬过的路上，只要是能碰到的东西，它都会捡起来放在背上，最后，小虫子被身上重物压死了。

人不是小虫子，但人在社会生活中的所作所为又像极了这种小虫子，只不过背上的东西变成了“名、利、权”。人总是贪求太多，把重负一件一件披挂在自己身上舍不得扔掉。假如能学会取舍，学会轻装上阵，学会善待自己，凡事不跟自己较劲，甚至学会倾诉、发泄、释放自己，人还会被生活压趴下吗？答案是否定的。

3. 注意转移

注意转移的原理是在大脑皮层产生一个新的兴奋中心，通过相互诱导、抵消来冲淡原来的优势兴奋中心(即原来的不良情绪中心)。当与人发生争吵时，马上离开这个环境，去打球或看电视；当悲伤、忧愁情绪发生时，先避开某种带给你不良情绪的对象，不去想或遗忘掉它，可以消忧解愁；在余怒未消时，可以通过运动、娱乐、散步等活动，使紧张情绪松弛下来。有意识地转移话题或做点别的事情来分散注意力，可使情绪得到缓解。例如，司马迁惨受宫刑而著“史家之绝唱，无韵之离骚”的《史记》，歌德因遭遇失恋才写出世界名著《少年维特之烦恼》。我们应该多接触令人愉快、使人欢笑的事物，避免和忘却一些不愉快的事。

4. 运用反向心理

人们面对困境、情绪懊丧时，不妨从相反方向思考问题，这能使人的心理和情绪发生良性变化，从不良情绪中解脱出来。从前，有个老太太整天愁眉苦脸。天不下雨，她就挂念卖雨伞的大儿子没生意做；天下雨了，她又忧心开染房的二儿子不能晒布。后来，有个邻居对她说：“你怎么就不反过来想想呢？如果下雨了，大儿子的生意一定好；如果不下雨，二儿子就可以晒布。”老太太一听恍然大悟，从此不再愁眉不展。这个故事就是反向心理的极好诠释。

对于这个问题，英国剧作家萧伯纳讲得更为明确。曾有一名记者问萧伯纳：“请问乐观主义者与悲观主义者的区别何在？”萧伯纳回答：“这很简单，假定桌上有一瓶只剩下一半的酒，看见这瓶酒的人如果说‘太好了，还有一半’，这就是乐观主义者；如果有人对这瓶酒叹息‘糟糕！只剩下一半’，那就是悲观主义者。”当我们遇到困难、挫折、逆境和厄运的时候，运用一下反向心理调节，从不幸中挖掘出好的方面，使情绪由“山穷水尽”转向“柳暗花明”，从而摆脱烦恼。

5. 用宣泄法释放压力

宣泄法是一种将内心的压力释放出去，以促使身心免受打击和破坏的方法，通过宣泄内心的郁闷、愤怒和悲痛，可以减轻或消除心理压力，避免精神崩溃，恢复心理平衡。“喜怒不形于色”不仅会加重不良情绪的困扰，而且还会导致某些身心疾病。因此，对不良情绪的疏导与宣泄是自我调节的一种好办法。一位运动员受到教练训斥后很沮丧，不久引发了胃病，药物治疗也不见效，心理学家建议他在训练中把球当教练员的脸狠狠地打，采用此法后他的胃病果然好多了。这种既不损害他人，又有利于排解不良情绪的自我宣泄法值得借鉴。

不过这种宣泄法应该是合理的，打打砸砸，吼吼叫叫，迁怒于人，找替罪羊(丈夫、妻子、孩子、同事)或发牢骚、说怪话等都是不可取的。宣泄应是文明、高雅、富有人情味的交流。有人说：“一份快乐由两个人分享会变成两份快乐；一份痛苦由两个人分担就只有半份痛苦。”如果把自己的烦恼、痛苦埋藏在心底，只会加剧自己的苦恼，而如果把心中的忧愁、烦恼、痛苦或悲哀等向你的亲朋好友倾诉出来，虽然他们无法替你解决，但是得到他们的同情或安慰，你的烦恼或痛苦似乎就减半了，这时你就会感到舒畅。该哭的时候就痛痛快快地哭一场，来释放积聚的能量、调整机体的平衡，大雨过后有晴空，心中的不良情绪也会一扫而光。

6. 对压力心存感激

人生怎能没有压力？升学、就业再到跳槽，从偏远的乡村走向繁华的都市，我们的每一步足迹都是在压力下走过的。没有压力，我们的生活也许会是另外一个模样。当我们尽情享受生活的乐趣的时候，都应该对当初让我们头疼不已的压力心存一份感激。

生活本来就是丰富的。任何人的生活都不会一成不变。我们既需要一帆风顺的快乐，但也要接受挑战和压力带给我们的磨炼。这两者缺了任何一个，我们的生活都会显得有几分单调。

7.4.2　缓解压力的具体措施

缓解压力的具体措施如下。

(1) 了解产生压力的原因。到底是什么压垮了你？是工作，是家庭生活，还是人际关系？如果认识不到问题的根源，你就不可能解决问题。如果你自己在确定问题的根源方面有困难，那就求助专业人士或者机构，比如心理医生。

(2) 分散压力。尽量把工作进行分摊或是委派以减小工作强度。千万不要陷到一个可怕的泥潭当中，认为你是唯一能够做好这项工作的人，如果这样的话，你的同事和老板同样也会有那样的感觉，于是就会把工作尽可能都加到你的身上，这样你的工作强度就会大大增加。

(3) 不要把工作当成一切。当你的大脑一天到晚都在想工作的时候，工作压力就形成了。一定要平衡一下生活，分出一些时间给家庭和朋友，最重要的解压方式是娱乐，娱乐是对付压力的良方。

(4) 暂时将压力情绪抛开。一天中多做做深呼吸，呼吸一下新鲜空气，可以使你放松大脑，防止压力情绪的形成。千万不要放任压力情绪的发展，不能使这种情绪在一天工作结束时升级为压倒你的压力。

(5) 正确对待批评。不要把受到的批评个人化。当受到反面的评论时，你就把它当成是能够改进工作的建设性批评。但是，如果批评的语言是侮辱性的，比如你的老板对你说了一些脏话，那你就需要向你的经理或是人力资源部门反映情况，表明这样的批评是不能接受的。

(6) 随他去。辨别一下你能控制和不能控制的事情，然后把这些事情归为两类，并列出清单。开始一天的工作时，首先给自己约定：不管是工作中的还是生活中的事情，只要是自己不能控制的就随他去，不要过多地考虑，给自己增添无谓的压力。

7.5　减轻压力的技巧

7.5.1　自我管理

合理高效地安排时间、制订切实可行的工作计划、适当地休息等都可以减轻工作中的压力。

1. 自我心态的调整

要有一个平和的心态对待压力，同时要有能够承受压力的健康心态。即使一位客户或其他人做了某些事或说了某些话令你恼怒或伤心，你也应该学会控制自己的情绪。“宰相肚里能撑船”这一句至理名言，对于客户服务工作同样适用。因此，即使万一发生了什么令人不快的事情，也应该微笑面对，不失风度。或者，尽快离开这个地方，去做一下深呼吸或想一些令人开心的事情，当心情平静下来时，可以再回来工作或请别人帮忙解决问题。

2. 不断提高自我能力

从多方面着手，提高产品知识，熟悉公司的运作，熟悉各项业务流程，提高自己的服务水平。同样的任务，在有较高能力的状态下感受到的压力会变小。

3. 合理高效地利用时间

时间的安排和利用是决定客户服务工作成功与否的关键。许多书籍、视频资料等都提供了这方面的方法和技巧。通过学习和训练，掌握的这些技能可以减轻工作压力。例如，先把一天中最令人挠头的“硬骨头”啃掉，那么在剩下的时间里不就很轻松了吗？尝试一下吧，会有意外的惊喜！

4. 避免拖沓

关注那些棘手的工作。如果总是把它往后推，心里会老惦记着它。如果一项工作把你压得喘不过气来，完全可以把它分解成小块儿，每次只做一部分。例如，你被分配去查阅去年一整年的通讯记录，找出客户经常不满或投诉的问题。你可以向上级征求一下意见，看能否每次只做一部分，如经允许，就可以把工作分成小块儿，每天只查阅 3 个月的通讯记录，直到你完成整个工作。

5. 按优先顺序安排工作

把一天要完成的工作列出一张清单，并把它们按优先顺序排列，这样可以减轻工作中的压力。

6. 制订切实可行的计划

许多人喜欢给自己增加压力，他们往往会制订一些超乎实际的计划。如果给自己制订了一个比较合理的工作计划，就会感觉一切都步入正轨，从而有条不紊地开展工作，而且当工作完成后，也会获得很大的成就感。

7. 适时休息

如果面对的客户使你感到厌烦，那么你需要偶尔地逃离一下，这样会使你保持清醒的头脑，充满活力。如果再做一下身体锻炼，那么工作效率会成倍提高。另外，每天花些时间与同事在一起(例如休息、吃午餐、与客户简短的聊天)，互相交流思想和信息，会增进你们之间的友谊。所有这些对于你的身体健康以及事业的成功都是很有帮助的。吃午餐或休息时，可以顺便“溜”出去一会儿，呼吸一下新鲜空气、散散步，欣赏一下美丽的景色或和朋友见面聊聊天等，然后，等你回来时就会精神焕发，从而更好地投入工作。

8. 提高自身素质

这里主要强调一下身体素质。客户服务工作对耐力、体力其实都有很大的要求，而工作中又很难抽时间运动，因此增强自己的体质，也是缓解压力的有效方法之一。对于工作和个人生活来说，一天的时间是有限的，但是每天都应该进行一些身体锻炼，这样做会令你受益匪浅。爬楼梯、步行去吃饭、饭前或饭后散步、骑自行车去便利店等活动都有利于你的身体健康。工作的时候也能锻炼身体，可以试着做一些简单的静态肌肉锻炼，也可以做一些简单的伸展运动。

9. 不要含糊不清

很多压力都是由不确定性引起的。为了减少不确定性的产生，你要发现存在的问题，研究解决问题的方法，然后建立一个体系来处理工作中或生活中的各种问题。例如，某个客户的某种问题总会定期出现，然而公司在政策或程序上却还没有解决的办法，那么你可以查找一下其他从事客户服务的专业人员在碰到类似的情况时是如何处理的，然后给上级主管提出意见，建议公司实施一个标准的政策或程序来解决共性的问题。

10. 降低个人压力程度

工作不可能完全和个人生活切断联系。一旦生活中出现问题，就得花时间来处理生活问题，因为如果忽视这些问题，就会阻碍你的工作。另外，在生活和工作中要保持平和的心态(不要除了休息就拼命地工作，可以有一些业余爱好，出去游玩，花时间陪伴朋友及家人或放松自己的心情)。不过，如果在工作或生活中花费太多的时间和精力，就会顾此失彼。

11. 积极地进行自我对话

不时地给自己说些鼓励的话，比如说，“我能处理好这些事情，我不能让这件事影响到我”或“这仅仅是暂时性的，过了一年之后，就没什么大不了的”。人们经常容易陷入消极的自我对话，这对身心健康非常有害。他们会对自己说“我做不了这些”“无论我做什么都出错”或“为什么我不能更……呢”等。如果经常对自己说诸如此类没有信心的话，这些假设就有可能变成现实。原因是一旦接受了消极的现实，进取心就会减弱，也就导致了压力的产生，并且使人消沉。

12. 变更你的活动

你可能听说过这种说法：“变化是生活的调味品。”为了防止过度疲劳，不断地对自己进行调整是至关紧要的。大脑需要新鲜的刺激和不断的挑战，如果工作很乏味，每天都是例行公事，那么你就没有很好的机会思考新的观点，寻求创新和突破，大脑就会停止进一步开发。在工作和生活中，要有独创精神。如果经常早晨 6 点半起床，那么尝试一下在 6 点起床，读读报纸、看看新闻、出去散散步或骑自行车；如果经常在公司的自助餐厅用餐，尝试一下和其他人到外面的饭店吃饭；如果上下班经常走同一个路线，那么尝试改变一下回家的路线。通过改变你的习惯做法，所看到的和体验到的新鲜感会使你获得新的灵感和想法。这也会降低压力，提高工作效率，并且提高老板对你工作的满意度。

13. 获得更多的睡眠

每个人所需要的睡眠量有所不同。数年来，许多专家们都推荐人们至少每天要保证 8 个小时的充足睡眠。如果发现在周末比较困倦，比平时起床要晚，那么是身体在向你透露着这样的信息：你在这周内休息得不够好。最好不要等着看晚间新闻而迟迟不睡，正确的做法是索性关掉电视，早点上床休息。如果从事的是轮班的工作，或者经常值夜班，可以按照下述建议去做，就能获得充足的睡眠：要确保卧室漆黑一片，非常安静，拉上厚厚的窗帘，以免光线射入房间；要确保房间温度适宜，室内温度保持在 20℃左右，要确保床垫柔软舒适并且有足够的支撑力，床垫要足够大，能让你自由变换睡觉的姿势，早点入睡。

14. 培养业余爱好

大多数人们喜欢沉溺于自己的爱好之中(例如养花种草、制陶、绘画、舞蹈和业余摄影等)。他们认为业余爱好是一种精神娱乐、一种闲暇时的消遣。业余爱好能分散人们的注意力，让人们学会放松自己。不过，如果想培养业余爱好的话，就要看你有没有足够的时间以及是否拥有情趣和天分了。无论选择在户外还是在室内进行活动都是可以的，其中最关键的一点是要做你喜欢做的事情。

15. 休息时幽默一下

试着读些、看些、听些幽默搞笑的故事。到了工作休息时间与同事们一起分享一些你在应付客户的时候发生的令人捧腹大笑的经历，或许还能从别人身上学到一些新的客户服务方法。

16. 成为一位现实主义者

时刻要记住你不是超人，所以不要勉强自己去做办不到的事情。要知道，不可能把所有的事情都揽在自己身上，同时人也不可能把握住所有到手的机会。如果你非要这么做的话，最终会心力交瘁。这不仅对健康有害，而且在应付不同的人和环境时，会影响到工作效率。因此，在工作中学会运用一些时间管理策略，可能会有助于改进工作方法、降低压力指数。

17. 精神畅游

闭上眼睛放松一会儿。此刻，想一些愉快的事情或风景优美的地方。在休息的时候，试着聆听一些让人感到轻松愉快的轻音乐，而不要听那些响亮刺耳的快节奏音乐。

18. 微笑

微笑有助于减轻压力，让人轻松愉快起来。

总之，要留意并试着发现一些让人觉得压抑的原因，这样做有助于找到消除压力的方法。如果想拥有健康的身体和心理，就要学会面对压力并试着缓解自身的压力。

7.5.2 从企业管理方面减轻或预防员工压力

健康的心态是成功的基础，企业的领导者和人力资源部门应该充分关心一线服务人员的压力现状，从组织层面拟定并实施各种压力减轻措施，有效管理和减轻员工压力。

1. 优化企业管理水平，减轻心理压力

企业管理者应充分了解并加强研究企业员工的心理需要，通过一定的管理机制使其得到合理满足，让员工感受到领导者对员工的关心和爱护，从心理上亲近领导者，减少畏惧感和逆反心理，形成企业内部良好的人际关系和宽松的工作环境。

2. 改善工作环境，减轻恶劣工作条件给服务人员带来的压力

应该力求创造一个高效的工作环境，如关注噪声、光线、舒适、整洁、装饰等方面，给一线服务人员一个赏心悦目的工作空间，这样有利于提高服务人员对环境的适应度，提高服务人员的安全感和舒适感，从而减轻压力。除此之外，应保证服务人员拥有较好的工作用具，如及时更换坏的复印机、话筒等，避免这些物品成为制造麻烦的源头。

3. 加强员工心理素质的培养和训练，增强职工的心理承受能力

增强员工的心理素质是从根本上解决问题的途径。通过加强心理知识的普及和宣传，让员工了解心理变化的规律以及调适方法，在遇到心理压力时就能恰当进行自我调适，通过情绪转移、自我宣泄、改变认识和寻求支持等方式将压力转化为动力，促进自我放松，提高承受能力。

4. 创设心理宣泄空间，使员工心理压力合理释放

心理压力与不良情绪需要宣泄或疏导，而不能“堵塞”。为此，企业可通过开设心理疏导宣泄室来缓解员工心理压力。日本松下集团的创始人松下幸之助在企业管理中的举动就令人叫绝，他为减轻员工的精神压力，公司专门开辟了“出气室”，里面摆放公司大大小小行政人员与管理人员的橡皮塑像以及木棒、铁棍，员工对自己的某位主管不满、心有怨气的话，可随时对其塑像拳脚相加、棒打一顿，以解心中积郁的不满。企业还可通过开设员工活动室、娱乐室，给员工提供健康娱乐场所，从而在一定程度上减轻员工的心理压力。

5. 引入心理引导机构，定期进行心理疏导

科学的心理引导，对心理的健康发展是必需的。员工的心理压力，有的可以通过自身的努力来得到缓解，有的却由于自身认识的局限而难以解决。心理引导机构的引入能及时根据员工的心理状况加以适当的心理疏导，以减少心理焦虑的发生。在美国，减压行业日益走俏，有不少大公司、大企业不惜花大把的钞票主动请减压公司上门为其雇员提供减压服务，并将这一措施作为劳保福利的一部分。企业还可采取建立心理咨询室、开辟心理热线、开设心理信箱等方式进行员工的心理引导，帮助其提高社会适应能力、缓解心理压力。

6. 鼓励并帮助服务人员提高心理保健能力，学会自我调节

企业可以定制有关心理健康的书籍、杂志，开设宣传专栏，普及心理健康知识，这能体现企业对服务人员的关心，使服务人员感受到企业的关怀，从而有效调整他们的心态。

向服务人员提供保健或健康项目，鼓励服务人员养成良好、健康的生活方式。有些企业会建立专门的保健室，让员工免费使用各种锻炼、放松器材，还会聘请专业人员指导大家锻炼，国外许多著名公司还会给员工发健身券。运动不仅保证了服务人员的身体健康，同时也很好地释放、宣泄服务人员的心理压力。

7. 加强过程管理，减轻服务人员工作压力

在招聘中，选拔与工作要求相符合的人才，避免上岗后因为无法胜任工作而产生心理压力。在人员配置中，做好人与事的搭配，并清楚定义岗位角色，可减轻因角色模糊、角色冲突引发的心理压力。在人员培训中，进行技能的培训，使之能更快适应工作；进行时间管理的培训，消除时间压力源；进行沟通技巧的培训，消除人际关系压力源；等等。在职业规划中，帮助服务人员树立切合实际的人生目标，减少因无法实现的落差给人造成的心理压力。在企业关怀中，领导者应向服务人员提供组织的有关信息，并让服务人员参加一些与他们息息相关的决策制定，使服务人员知道企业发生了什么，从而增强可知感和可控感，减轻不确定性带来的压力。领导者还应该关心服务人员的生活，了解他们在工作中遇到的困难，这可以减轻各种困难给服务人员带来的不利影响和压力，并缩短与下属的心理距离。在保障制度上，完善服务人员的保障制度，提供多种形式的保险，增强服务人员的安全感和稳定的就业心理，从而减轻压力。

通过压力管理，企业不仅能够有效地为服务人员减轻压力，而且增加了他们的凝聚力、核心力，拉近了服务人员与企业之间的距离，促进员工满意度和客户满意度的提高，有效地提升企业的服务水准，树立服务品牌。

以下给出部分企业应对员工压力值得借鉴的做法：

松下电器(中国)有限公司人力资源部部长陈恺认为保持一定程度的工作压力是必要的，推崇职工必须有压力，但是并不反对缓解职工压力。其具体的做法有：变换工作岗位，根据具体情况安排个人力所能及的工作岗位；肯定职工工作中的业绩，促使职工增加信心，变压力为动力；开展多种形式的职工集体活动，建立紧张工作和轻松活动相结合的工作休息氛围，使职工既有紧张的工作时刻，又有轻松娱乐的时光。

联想在缓解职工压力方面也有自己独到的做法。在联想集团每周二的 C-Time(Coffee Time and Communication Time)时间，员工可以与公司总裁室成员一起沟通各方面问题并设有“进步信箱”，公司每一个员工都可以提出自己的意见和想法，与企业一起进步。

微软研究院则通过环境和活动的变化来帮助员工舒缓压力：每个月各研究组之间就要组织一次聚餐，每三个月全院就要有一次场外活动。每六个月有一次全院的场外活动，大家进行工作总结，第二天则会有半天像旅游一样的活动或培训。研究院每个月最后一个周末下午 3 点钟还有一小时的葡萄酒会，大家给本月过生日的员工庆祝，彼此问候。微软研究院还在办公区域内设有专门的聊天室、厨房和游戏室。有时候，研究院还会通过安排参加国际性会议和讲座来帮助员工释放压力。

某大型企业人力资源总监刘先生认为，企业要想缓解员工压力，首先要找到压力的源头，然后对症下药，如因为工作环境不佳而引起员工压力，则可改善室内的光线、装修、物品的摆设等，给员工提供一个舒适、安全的环境。在企业文化层面上则要做好员工激励和员工引导工作，企业人力资源要进行合理配置，保证人尽其才，有合理的成长梯队也是至关重要的。

7.5.3　用科学的方法调节员工压力

运用科学的方式方法对员工遇到的压力进行不间断的、有针对性的调节，使其在心理上总能保持与外部环境的良性适应。在具体做法上，要注意防治结合，既从客观上控制压力源，又要帮助员工从主观上提高适应压力的能力，同时对已产生压力问题的员工实施心理咨询。

1. 控制压力源

对企业来讲，生活压力源较难控制，但可控制工作压力源。消除或控制工作压力源的方法多种多样，其中工作再设计和改善环境不失为两种行之有效的方法。

工作再设计是指为了达到组织的目标，合理有效地处理人与工作岗位的关系，采取能满足与工作者个人需要有关的工作内容、工作职能和人与人工作关系的设计。好的工作设计能够减少单调重复性工作的不良效应，它通过加强工作丰富程度和工作中人事关系的调整，使工作内容具有一定挑战性和刺激感，从而提高员工的工作兴趣和满意度，减少其退缩行为。富有兴趣的工作会使员工感到身心愉快，有助于消除工作疲劳感，从而提高其对环境的良性适应。因此，许多工作在设计时就应充分考虑产生不当压力的可能性。

环境是导致员工产生压力的另一个重要根源。企业一方面应致力于消除恶劣的工作条件，创造有利于减轻员工疲劳感的工作环境。另一方面，企业应充分认识到员工有压力、有不满是十分正常的现象，因此有责任帮助他们调节情绪。弗洛伊德曾提出“宣泄理论”，其依据是：人有情绪，总得发泄，不是积极地发泄就是消极地发泄。人们只有将满腹的情绪发泄出来，心理才能达到平衡，情绪才能变得平稳。因此，企业管理者应该开发多种形式的情绪发泄渠道，如设立情绪发泄室等，以帮助员工改善和培养积极的情绪，并纳入企业正式的管理规程。

2. 提高员工心理承受力

心理承受力是指员工对压力的适应能力，即员工在压力面前所能承受和调节的能力水平。提高心理承受力，其实质是增强个人的免疫能力。管理心理学认为，承受力与绩效具有正相关性，即员工对压力的心理承受能力越强，则企业的绩效越好，反之越差。作为企业，应使员工有职业安全和经济保障，把员工和企业二者的命运紧密联系在一起，共同承受压力，同时也能提高员工对压力的承受能力。常言道，外因只有通过内因才能起作用，企业在创造外部环境的同时，还有责任提高员工的素质，主要包括以下三点：一是提高员工的认知水平，帮助员工树立正确的压力观，要让他们认识到压力是工作和生活中的常见现象，这种认识有利于员工个人的成长和发展，有利于他们学会以建设性的方式去利用压力。尤其是新员工，企业对他们讲明工作的适应过程和可能遇到的困难，让他们有应付压力的心理准备，可以缩小个人期望与现实的反差，降低其挫折感，增强其适应能力。二是办好能力培训班，通过培育员工多方面的技能和能力，增强他们的自信心和进取心，提高其适应工作的能力。三是引导员工加强锻炼和自我保健。医学心理学认为，锻炼身体可以减轻压力并且可以抵消某些压力产生的有害的生理影响，为了这一目的，企业必须为员工制订健身计划，并提供指导教练和活动场所。另外，也可由企业出资并组织员工参与多种形式的集体活动，培养业余爱好，遇到压力时可以转移兴奋点，使心理活动趋于平衡。

3. 开展心理咨询活动

心理咨询是指咨询者通过语言、文字等媒介与咨询对象进行沟通，以矫正其心理偏差的一个过程。心理咨询的作用已受到人们的广泛关注，它可以促使咨询对象在认识、情感和态度等方面发生变化，较好地解决他们在学习、生活、工作、疾病康复、人际关系等方面出现的心理问题，从而更好地适应环境，保持身心健康，提高工作效率和生活质量。心理咨询的对象主要是正常人，以及能够接受心理咨询帮助的轻微精神障碍患者。由此可见，企业中的所有员工都可能成为咨询对象，这就使得心理咨询在企业管理中的应用前景更为广阔。因此，企业管理者在实际工作中应将现代心理咨询方法引入人力资源管理，开展多种形式的咨询活动，把有压力的员工看做是需要帮助的人，送以温暖，予以关心，从而正确有效地解决员工压力问题。

压力无所不在，我们必须认真对待心理压力问题，并及时、适当地通过情绪调节来缓解心理压力，为它找个出口，避免它危害我们的心理健康。希望上述方法能帮助大家用稳定的情绪、健康的心理去直面纷繁复杂、瞬息万变、竞争激烈的社会。

思考与练习

1. 结合你的实际生活与学习情况，谈谈你是如何排解压力的。
2. 如果你是客户服务人员，你将怎么回答呢？

(1) 客户：“我不是来听音乐的，你们的电话怎么这么久才接通？”

座席代表：“抱歉让您久等了，今天的客户是多了一些，我能帮助您吗？”

客户：“我已经打过三次电话了，你们究竟能不能修好我的电脑？”

座席代表：“……”

(2) 客户：“你们根本就是不负责任才导致今天的烂摊子！”

座席代表：“……”

(3) 客户：“你们这么搞把我的日子彻底搅乱了，你们的日子当然好过，可我还上有老下有小得养啊！”

座席代表：“……”

参 考 文 献

[1] 苏朝晖. 客户关系的建立与维护[M]. 4版. 北京：清华大学出版社，2018.
[2] 苏朝晖. 客户关系管理：理念、技术与策略[M]. 3版. 北京：机械工业出版社，2018.
[3] 苏朝晖. 客户关系管理：建立、维护与挽救[M]. 北京：人民邮电出版社，2016.
[4] 邬金涛，严鸣，薛婧. 客户关系管理[M]. 2版. 北京：中国人民大学出版社，2018.
[5] 徐奕胜，刘雨花，杨慧帧等. 电子商务客户关系管理[M]. 北京：人民邮电出版社，2018.
[6] 李海芹，周寅. 客户关系管理[M]. 北京：北京大学出版社，2017.
[7] 柏晓旭，甄增荣. 移动电商：客户关系管理方向[M]. 北京：人民邮电出版社，2016.
[8] 汤兵勇，孙天慧. 客户关系管理[M]. 3版. 北京：高等教育出版社，2015.
[9] 杨路明. 客户关系管理理论与实务[M]. 3版. 北京：电子工业出版社，2015.
[10] 周万发，饶欣. 客户关系管理理论与实务[M]. 北京：清华大学出版社，2015.
[11] 徐伟. 客户关系管理理论与实务[M]. 北京：北京大学出版社，2014.
[12] 魏中龙. 客户服务技巧[M]. 北京：中国经济出版社，2013.
[13] 周洁如. 客户关系管理经典案例及精解[M]. 上海：上海交通大学出版社，2011.
[14] 邵兵家. 客户关系管理[M]. 2版. 北京：清华大学出版社，2010.
[15] 周金龙. 银行业金融机构消费者个人信息保护的建议[J]. 现代金融，2018(8)：31-33.